Dedico este livro

A todos os profissionais que se empenham
na formação de leitores.

Às minhas netas Laura, Alice, Débora e Luiza –
geração alfa – que chegaram para tornar o meu
mundo mais colorido e inovador.

Sérgio Simka (Coordenação)
Claudia Rodrigues da Silva Nascimento

A relação dos nativos digitais com livros impressos

NÃO É UM BICHO-DE-SETE-CABEÇAS

EDITORA CIÊNCIA MODERNA

A Relação dos Nativos Digitais com Livros Impressos não é um Bicho-de-sete-cabeças

Editor: Paulo André P. Marques
Produção Editorial: Dilene Sandes Pessanha
Capa: Daniel Jara
Diagramação: Daniel Jara
Copidesque: Equipe Ciência Moderna

FICHA CATALOGRÁFICA

SIMKA, Sérgio (Coordenação); ***NASCIMENTO, Claudia Rodrigues da Silva.***

A Relação dos Nativos Digitais com Livros Impressos não é um Bicho-de-sete-cabeças

Rio de Janeiro: Editora Ciência Moderna Ltda., 2023.

1. Leitura
I — Título

ISBN: 978-65-5842-268-6 CDD 372.4

Editora Ciência Moderna Ltda.
R. Alice Figueiredo, 46 – Riachuelo
Rio de Janeiro, RJ – Brasil CEP: 20.950-150
Tel: (21) 2201-6662/ Fax: (21) 2201-6896
E-MAIL: LCM@LCM.COM.BR
WWW.LCM.COM.BR **05/23**

Agradecimentos

A Deus, por seu imenso amor, bênçãos e coragem.

Ao meu marido, Joel Nascimento, pela longanimidade, por estar sempre ao meu lado e acreditar no meu potencial.

Ao Professor Doutor João Hilton Sayeg de Siqueira, pela paciência e confiança, assumindo comigo o desejo da construção deste trabalho, ao longo de quatro anos.

A toda minha família, meus pais, meus filhos Joel Júnior, Jefferson e Danilo, minhas noras Elizete e Mara e, especialmente, às minhas irmãs Cássia, Renata, Fernanda e Cristina, pelo apoio e pela compreensão nos momentos de ausência.

Às minhas netas Laura, Alice, Débora e Luiza, verdadeiros presentes de Deus, e aos meus netos do coração, João Guilherme e Benjamin, que chegaram trazendo alegria ao meu universo de avó.

Ao Professor Doutor Luiz Antonio Ferreira e ao Grupo ERA (Estudos Retóricos e Argumentativos), pelos estudos e discussões acadêmicas.

Às Professoras Doutoras Dieli Vesaro Palma, Marilena Zanon Maria Rodrigues de Oliveira e ao Professor Doutor Sérgio Simka pelas orientações.

Aos colegas de trabalho das EMEIEFs: José Maria Sestílio Mattei e da Professora Yvonne Zahir.

Às professoras e ao professor que, gentilmente, responderam à minha pesquisa.

À Professora Jamile Alibe, por compartilhar a história da inclusão digital nas escolas municipais de Santo André.

Aos professores do Programa de Pós-Graduação em Língua Portuguesa da Pontifícia Universidade Católica de São Paulo, por terem compartilhado seus saberes.

A Thiago Zilio e Maria da Penha Brandim de Lima, pela interlocução e generosa revisão do trabalho, pela atenção e pelos momentos de reflexão.

A Danilo Nascimento, pela assessoria nos aspectos tecnológicos e de segunda língua.

A todos aqueles que, de forma direta ou indireta, contribuíram para que este trabalho se concretizasse.

A percepção do desconhecido é a mais fascinante das experiências. O homem que não tem os olhos abertos para o misterioso passará pela vida sem ver nada.

Albert Einstein

Lista de Siglas

ABE – Associação Brasileira de Educação
AICE – Associação Internacional de Cidades Educadoras
ANA – Avaliação Nacional de Alfabetização
CERLALC – Centro Regional para o Fomento do Livro da América Latina e o Caribe
CPDOC – Centro de Pesquisa e Documentação de História
EJA – Educação de Jovens e Adultos
EMEIEF – Escola Municipal de Educação Infantil e Ensino Fundamental
FNDE – Fundo Nacional de Desenvolvimento da Educação
IDH – Índice de Desenvolvimento Humano
INEP – Instituto Nacional de Estudos e Pesquisas
LDB – Leis de Diretrizes e Bases
MID – Monitor de Inclusão Digital
MOBRAL – Movimento Brasileiro de Alfabetização
OECD – Organization for Economic Co-operation and Development
ONU – Organização das Nações Unidas
PCN – Parâmetro Curricular Nacional
PISA – Programa Internacional de Avaliação de Estudantes
PNBE – Programa Nacional Biblioteca da Escola
PNLD – Programa Nacional de Livros Didáticos
PROLER – Programa Nacional de Incentivo à Leitura
SAEB – Sistema de Avaliação da Educação Básica

Sumário

1 Introdução 1

2 Um Panorama Sobre a Leitura 7

2.1 A leitura na instituição escolar 10

2.1.1 Leitura: perigo e preconceito 12

2.1.2 Leitura: democratização do acesso 15

2.1.3 Leitura: (an)alfabetismo e letramento 16

2.2 A leitura no mundo 18

2.2.1 O continente africano 19

2.2.2 O continente europeu 21

2.2.3 O continente asiático 24

2.2.4 O continente americano 27

2.2.5 Oceania 29

2.3 A leitura no Brasil 29

2.3.1 Um perfil da educação brasileira 31

2.3.1.1 A educação brasileira (1530-1889) 34

2.3.1.2 Educação Brasileira (1889 a 1935) 36

2.3.1.3 Programas de incentivo e investimentos 44

2.3.1.4 Programas de avaliação 46

2.3.2 Pesquisas de opinião sobre leitura no Brasil 48

2.4 A leitura no Estado de São Paulo 52

2.5 A leitura no Município de Santo André 55

3 A Formação de Leitores na Era Digital 59

3.1 A leitura na era digital 59

3.2 Colonizadores digitais e imigrantes digitais 66

3.3 Nativos digitais 68

4 O Ensino de Leitura no Município de Santo André 75
4.1 A inclusão digital nas escolas de Santo André 75
4.2 Entrevistas 79
4.2.1 Pesquisa com o alunado 80
4.2.2 Pesquisa com os responsáveis 84
4.2.3 Pesquisa com o professorado 87
4.3 Resultados 100

5 Passos para a formação leitora no Ensino Fundamental I 109

6 Conclusão 121

Referências 125

Apêndice A – Continente Africano 139
Apêndice B – Continente Europeu 141
Apêndice C – Continente Asiático 143
Apêndice D – Continente Americano 145
Apêndice E – Oceania 147
Apêndice F – Fotos de Atividades de Leitura na Escola Emeief Professora Yvonne Zahir 149
Apêndice G – Termo de Consentimento 151
Apêndice H – O Trabalho dos Professores Durante a Pandemia 153

Anexo A – Parecer Circunstanciado do Código de Ética 161

1 Introdução

> *Parece até uma contradição, já que podemos pensar que as crianças teriam acesso mais fácil à leitura pela internet e pelos tablets, por exemplo, mas é exatamente por isso que a leitura literária é mais importante, porque essa leitura que a criança hoje faz, vinculada às redes sociais e internet, é diferente. (BRENMAN).*

A grandeza de uma nação é construída por seus habitantes, por suas ideias, por seus saberes, por um desejo de deixar uma contribuição para a humanidade. Entre todos os saberes, um se destaca como fundamental: o domínio da leitura. Efetivamente, esse domínio possibilita recorrer a episódios da história e conhecê-los, entender as transformações ocorridas e os fatos relevantes de cada época. Portanto, a leitura é um item essencial para a vida, pois abre portas para o resgate do passado e a construção do futuro por meio de saberes que vão além dos bancos escolares.

A leitura é peça-chave para o cumprimento dos objetivos da escola, já que ela se configura como importante instrumento para os indivíduos se apropriarem de seus direitos de participar da sociedade, de aprender e desenvolver novas habilidades ao longo da vida. A grandeza de uma nação é construída pelo saber de seus habitantes e o domínio da leitura se destaca como fundamental por trazer dignidade, por tornar o ser humano mais consciente de seus deveres e direitos.

A formação de leitores proficientes é um sonho idealizado pelas instituições escolares, pelo poder público e pelos cidadãos. Contudo, a fim de tornar o Brasil um país de leitores, precisamos refletir sobre o modo como cada estado, cada município e cada escola está trabalhando para tornar o acesso à leitura algo possível a todos. E, quando dizemos "todos", incluímos cada cidadão, sem diferença social, racial ou cultural.

Nossas inquietações a respeito do ensino de leitura na era digital partiram da atuação no Fundamental I no Município de Santo André. Nossos estudos sobre o assunto vêm sendo desenvolvidos desde 2013, no Mestrado realizado no Programa de Pós-Graduação em Língua Portuguesa da Pontifícia Universidade Católica de São Paulo, sob a orientação do Professor Doutor João Hilton Sayeg de Siqueira. Inserida na linha de pesquisa Leitura, Escrita e Ensino, a pesquisa do Mestrado teve o objetivo de analisar o teor dos livros didáticos sobre a escrita digital e verificar as possibilidades de adaptá-lo às atividades propostas para uso no cotidiano escolar. Para tanto, avaliamos alguns livros didáticos de Língua Portuguesa do 5º ano, o que resultou na dissertação *Escrita digital no Ensino Fundamental:* do livro à sequência didática.

Constatamos, no Mestrado, que o ensino da escrita necessita de uma transformação para atribuir significação e interação dentro de um contexto digital e que o uso da tecnologia no meio escolar precisa ser encarado não apenas como passatempo, mas também como instrumento educacional. Esses achados nos fizeram refletir sobre o papel da escola diante do crescente uso de textos digitais e da responsabilidade de preparar os nativos digitais para as novas demandas de leitura.

Os fatos acima nos levaram à ideia de tratar o assunto no Doutorado, tendo como norteadoras as seguintes questões: 1) Qual a relação dos leitores considerados nativos digitais com os livros impressos e a aprendizagem nos anos iniciais do Ensino Fundamental? 2) Quais são os desafios do ensino da leitura em relação aos nativos digitais nos anos iniciais do Ensino Fundamental? 3) Como a educação pública do Município de Santo André contribui para a formação de leitores na era digital?

Como metodologia, partimos de uma pesquisa entre o alunado, os responsáveis pelas crianças e o professorado, com a finalidade de identificar a relação desses três grupos com a leitura, tanto impressa quanto digital. Paralelamente, fizemos um levantamento teórico para embasamento do trabalho, destacando-se as contribuições de Chartier (1999, 2004), Fischer (2006), Gadotti (1997, 1998) e Kleiman (1995), dentre outros, e de textos legais brasileiros, como as Constituições de 1891, de 1934, de 1946 e de 1988 e leis pertinentes à educação.

Esse referencial teórico atua como suporte para a análise de um *corpus* formado a partir de uma pesquisa realizada com o alunado de uma escola municipal de Santo André, seus responsáveis e o professorado, com vistas à descoberta das expectativas desses três grupos a respeito do ensino de leitura e sua relação com os livros impressos e digitais com os dispositivos eletrônicos no cotidiano escolar.

A formação do *corpus* envolveu três etapas: na primeira, foi aplicado um questionário impresso a alunas e alunos de uma escola Municipal de Santo André; na segunda, foram questionados os responsáveis pelas crianças da escola; na terceira, professores e professoras de três escolas do Município de Santo André (uma estadual, uma municipal e uma particular) responderam a um questionário apresentado no *Google forms*. (ANEXO A)

A pesquisa justifica-se pela necessidade de se implementarem meios propícios ao ensino de leitura que integrem o impresso ao digital, tendo em vista a evolução tecnológica e o atendimento à geração dos nativos digitais. Assim, consideramos necessário que se investiguem as necessidades e as expectativas do alunado e de seus familiares com relação à formação leitora, bem como os desafios enfrentados pelo professorado e as estratégias que utilizam para vencê-los.

O objetivo geral da pesquisa é contribuir com novos estudos relacionados com a formação dos leitores nativos digitais pela instigação do potencial criativo do alunado, resultando na formação de leitores competentes que possam ser capazes de usufruir tanto da leitura impressa quanto digital de maneira crítica e adequada. Para tanto, foram estabelecidos os seguintes objetivos específicos: a) rever aspectos históricos sobre a prática leitora para entender o processo de leitura atual; b) investigar a relação entre os nativos digitais e os livros impressos; c) identificar dificuldades enfrentadas pelo professorado no seu dia a dia profissional frente à sua clientela formada por nativos digitais; d) apresentar propostas para o ensino de leitura que envolvam o impresso e o digital.

A relevância da pesquisa deve-se ao fato de haver poucos estudos relativos ao assunto, o que constatamos em busca na Biblioteca Digital de Teses e Dissertações (BDTD) a partir dos descritores "nativos digitais", "leitura" e "ensino fundamental", com resultado de apenas dez dissertações, sendo a maioria vinculada a objetivos diferentes do tema principal deste estudo, que é a formação do leitor na era digital. Além disso, destaca-se que não há pesquisas relacionadas com a formação leitora, especificamente do nativo digital nos anos iniciais do Ensino Fundamental, no Município de Santo André, daí seu ineditismo.

Além desta introdução, com a qual damos início a este trabalho, a pesquisa compõe-se de quatro seções e uma conclusão. Na primeira seção, *Um panorama sobre a leitura*, traçamos um perfil da leitura tendo em vista sua existência no contexto escolar, no mundo como um todo, no Brasil como território no qual nos inserimos, no Estado de São Paulo, do qual o Município de Santo André faz parte e no Município de Santo André, fonte primeira de nossos estudos.

Na segunda seção, *A formação de leitores na era digital*, tratamos da leitura na era digital, dos colonizadores/imigrantes digitais e dos nativos digitais, considerando a relação desses dois grupos de gerações diferentes no ambiente escolar.

Na terceira seção, *O ensino de leitura na era digital no Município de Santo André*, apresentamos um histórico da inclusão digital nas escolas andreenses, comentamos e analisamos os resultados das entrevistas realizadas com o alunado, seus responsáveis e o professorado.

Na quarta seção, *Sugestões para o ensino de leitura na era digital*, apresentamos uma proposta com sugestões de ensino de leitura para estudantes dos anos iniciais do Ensino Fundamental, no intuito de deixar nossa contribuição para o trabalho do professorado.

Na conclusão, fazemos uma retomada do exposto ao longo do trabalho, com nossos comentários e opiniões sobre o assunto.

2 Um Panorama Sobre a Leitura

> *Ler realmente não faz bem. A criança que lê pode se tornar um adulto perigoso, inconformado com os problemas do mundo, induzido a crer que tudo pode ser de outra forma. Afinal de contas, a leitura desenvolve um poder incontrolável. Liberta o homem excessivamente. (GRAMMON).*

Nesta seção, apresentaremos um panorama sobre a leitura e como seu ensino vem sendo avaliado sob a ótica de alguns pesquisadores. Há muitos fatos registrados na história que afastam os leitores dos livros. Dentre eles, o acesso difícil em decorrência de seu custo e da falta de bibliotecas, além de alguns livros serem considerados ameaçadores pela possibilidade de seu teor agir nas mentes dos leitores. Os livros podiam ainda ser objetos de cobiça e de furtos, o que demandava extrema proteção dos exemplares raros. Em Dublin, por exemplo, na Biblioteca Marsh, primeira biblioteca pública da Irlanda, fundada em 1707 e detentora de um acervo que inclui livros e manuscritos europeus do século XV ao XVIII, há três jaulas onde os leitores ficavam presos durante a leitura. Acreditava-se que, dessa forma, os livros estariam protegidos, evitando roubos e sumiços. (Cf. McCARTHY, 1998).

As jaulas da Biblioteca Marsh não são mais utilizadas nem se têm notícia de que haja procedimento semelhante em outras bibliotecas do mundo, mas sabe-se que elas falham ao não proporcionar um ambiente atrativo para conquistar e fidelizar seus frequentadores. As bibliotecas públicas brasileiras, por exemplo, não acompanharam as novas tendências e, na sua maioria, deixam de fazer parte do cotidiano educacional da população, resultando no fato de que grande número de professores e alunos não conhece nem frequenta bibliotecas. Além disso, os regimentos das bibliotecas são questionáveis como, por exemplo, o não funcionamento nos finais de semana, o que contribui ainda mais para o afastamento do público.

O termo leitura vincula-se etimologicamente à palavra "ler", com origem no termo latino *legere*, que não se restringe a apenas um significado, ou seja, ler significa soletrar e está associado ao ato de colher, a uma espécie de investigação para coletar ou compreender o sentido de um texto. Liga-se também ao ato de roubar, como quando o leitor extrai mensagens camufladas do texto ou quando enxerga além das linhas, criando significados. (Cf. PAULINO, 2001, p. 11).

Devido à multiplicidade de acepções para o termo, Fischer esclarece que definir o que é leitura não é algo simples, "pois o ato de ler é variável, não absoluto" e "continuará a se expandir no futuro, porque assim como qualquer outra aptidão, ela também é um indicador da própria humanidade." (FISCHER, 2006, p. 11).

De acordo com o autor, no idioma japonês, ler (*yomu*) denota "ler em voz alta, declamar, repetir, louvar, compreender, perceber, compor". (FISCHER, 2006, p. 107). Ainda, conforme denotam as palavras desse autor, a pluralidade de acepções do verbo ler estende-se a diversas línguas:

> No caso do hebraico, assim como em todas as outras línguas da Antiguidade, "ler" (qara') era um verbo polivalente, com outros significados como "chamar, evocar, declamar, proclamar", mais uma vez enfatizando o sentido fundamental da leitura: "falar em voz alta com base em um texto escrito". Não havia uma palavra única, como "ler" em português, que captasse a especificidade do ato

> porque, como vimos, essa singularidade demoraria para se concretizar. (FISCHER, 2006, p. 57).

Há diversos pesquisadores que tratam da temática da leitura e dos elementos que a compõem e cada um reconhece o propósito e a essência do ato de ler. De acordo com Manguel:

> [...] em cada caso é o leitor que lê o sentido: é o leitor que confere a um objeto, lugar ou acontecimento uma certa legibilidade possível, ou que a reconhece neles; é o leitor que deve atribuir significado a um sistema de signos e depois decifrá-lo. Todos lemos a nós e ao mundo à nossa volta para vislumbrar o que somos e onde estamos. Lemos para compreender, ou para começar a compreender. Não podemos deixar de ler. Ler, quase como respirar, é nossa função essencial. (MANGUEL, 1997, p. 19-20).

Para esse autor, ler não é um fenômeno idiossincrático e anárquico. Trata-se de um processo generativo que reflete a tentativa disciplinada do leitor de construir sentido e que influencia o presente e atualiza o passado. Quando se refere a "fenômeno idiossincrático", o autor ressalta a ação de ler em situações pouco comuns ou impróprias, bem como a maneira de sentir, de ver e de reagir própria de cada pessoa.

Chartier (1999, p. 77), por seu turno, afirma que "a leitura é sempre apropriação, invenção, produção e significados [...] em que o leitor é um caçador que percorre terras alheias, com tal liberdade que desloca e subverte aquilo que o livro pretende impor"

O interesse pela leitura é antigo, conforme pontua Fischer (2006, p. 14-15) ao informar que o homem de Neandertal e os primeiros *Homo sapiens* liam entalhes de ossos, que sinalizavam algo que lhes fosse significativo, e que tribos primitivas liam extensas mensagens imagéticas em cascas de árvores ou em couro. Segundo o autor, os registros foram evoluindo até surgirem os pictogramas, os quais foram sendo padronizados e reconhecidos como ferramentas inestimáveis para o registro e o acúmulo de informações.

O ambiente propício para guardar material de leitura e incentivar seu uso são as bibliotecas. Dessa forma, há relatos de que já existiam "bibliotecas" nos grandes centros antigos na Mesopotâmia, embora com formato diferente das atuais. Esses espaços, onde a leitura era o testemunho oficial de um meio oral, hoje é entendido em uma totalidade que vai além das letras impressas e de suas representações e abrange possibilidades infinitas, como as "bibliotecas eletrônicas sem muros". (Cf. FISCHER, 2006, p. 153).

2.1 A leitura na instituição escolar

A escola tem compromisso com a formação de leitores e, assim, elabora ações relacionadas ao ensino da leitura, simbolicamente, como nos tempos antigos em que, como aponta Chartier:

> Lia-se em voz alta nos salões, nas sociedades literárias, nas carruagens ou nos cafés. A leitura em voz alta alimentava o encontro com o outro, sobre a base da familiaridade, do conhecimento recíproco, ou do encontro casual, para passar o tempo. No século XIX, a leitura em voz alta voltou-se para certos espaços. (CHARTIER, 1999, p. 143).

Cumpre salientar que a leitura é uma das principais funções da escola e se caracteriza como uma ação difícil, pois envolve mais que a decodificação e não pode ser comparada com aprender a falar:

> [...] um erro grande e fundamental – que teve muitas consequências infelizes para crianças, professores e pais pelo mundo afora – é a crença de que a leitura é natural para os seres humanos e que ela simplesmente emergirá, completa como acontece com linguagem, quando a criança estiver pronta. Não é o caso, para a maioria de nós, os princípios básicos dessa invenção não natural e cultural precisam ser ensinados. (WOLF, 2019, p. 28).

A leitura hoje é reconhecida como uma ação ímpar e benéfica em diferentes situações cotidianas, com funções pedagógicas, sociopolíticas e culturais. Além disso, ela é fonte do conhecimento e a pessoa que sabe ler possui o poder de fazer uso da leitura para aprender, para se divertir, para entender, para montar um aparelho e para realizar feitos complicados para alguém que não dispõe da competência leitora.

Ao longo da história, o ensino e o incentivo à leitura têm enfrentado dificuldades e objeções que afetam seu desenvolvimento, mesmo sendo considerada uma ação essencial para a vida. Nos tempos antigos, a luta e o desejo de adquirir tal habilidade exigiram atitudes que geraram perigo e preconceito, persistindo ainda hoje a ideia de que o ato de ler pode tornar a pessoa louca, perigosa, questionadora, sonhadora e ameaçadora.

2.1.1 Leitura: perigo e preconceito

Disseminados pela igreja, pelos poderes governamentais e por algumas famílias tradicionais, os riscos de ser leitor e o preconceito pelos leitores é retratado em clássicos da literatura mundial. Exemplo disso é o livro *Dom Quixote de La Mancha*, de Miguel de Cervantes, cujo personagem principal dedicava-se a ler livros de cavalaria com tanta diligência e prazer que trocava noites de sono para se aventurar nas páginas dos livros e, de tanto se envolver com as narrativas, seu cérebro teria "secado", fazendo-lhe perder a razão e a credibilidade.

Outro exemplo de livro "perigoso" é *Madame Bovary*, de Gustave Flaubert, que narra a história de uma moça depressiva, com mania de leitura, que sonhava com uma vida semelhante a dos burgueses descritos nos livros de romances proibidos. A protagonista se dedicava tanto à leitura desses romances que era induzida a sonhar com amores impossíveis, com a ideia de viver um grande amor, arquitetando aventuras para fugir da tristeza que rodeava sua vida, muito diferente daquela apresentada nos romances lidos. Suas aventuras e desventuras terminam de maneira trágica: o suicídio.

Mais um leitor punido pelas suas leituras é Domenico Scandella, conhecido como Menocchio, cuja história é relatada por Carlo Ginzburg, no livro *O queijo e os vermes*. Vivendo em um período em que a leitura era para poucos, Menocchio entregou-se à leitura de livros sagrados e profanos, tornando-se perigoso aos olhos da Igreja pela sua interpretação dos textos e pelos seus questionamentos a respeito dos dogmas da religião e sobre comportamentos da sociedade. Pela ousadia de ler, interpretar e revelar seu entendimento sobre os textos lidos, ele foi condenado, torturado e morto na fogueira em 1599.

A condenação de pessoas à fogueira pela autoria de livros ou pela sua leitura na Europa da Idade Média, como também a queima de livros, é um fato que se repete ao longo dos tempos, com adaptações, em outros lugares. Exemplo disso é a prisão de Graciliano Ramos e Jorge Amado e a queima de seus livros em praça pública. Conforme Fraga:

> A perseguição a escritores também representou uma dimensão importante dessa repressão, sendo dois dos principais exemplos as prisões de Graciliano Ramos, experiências retratadas no livro Memórias do cárcere, e de Jorge Amado, cujos livros, entre os quais Capitães de Areia, publicado em 1937, foram censurados e queimados em Salvador, ao serem jogados sobre uma fogueira acesa em praça pública. (FRAGA, 2017, p. 7).

Poderíamos nos questionar sobre o que teria levado o governo Vargas a promover a queima desses livros. A possível resposta nos é fornecida por Sperb e Arendt nos seguintes termos:

> Podemos nos aproximar de uma possível resposta para a escolha dos livros de Jorge Amado para a fogueira. Certamente, o escritor não foi alvo apenas por estar vinculado ao comunismo – ele foi eleito Deputado Federal pelo PCB e participou da Constituinte de 1946 –, mas também pela sua alta circulação, como demonstram os números de exemplares nas livrarias, e pela recepção entre a massa de leitores. Todavia, a popularidade não daria conta, sozinha, de justificar a escolha, ou teríamos diversos outros livros de autores distintos queimados. Entra em jogo aqui, provavelmente, a temática das obras:

> os livros queimados tratam da camada mais explorada da sociedade, inclusive as narrativas do não comunista José Lins do Rego. No caso desse autor, não seria o "credo vermelho" explícito que o teria levado à fogueira, mas a realidade social abordada nos enredos. (SPERB; ARENDT, 2014, p. 30).

Os autores continuam seu questionamento sobre o que leva pessoas a destruírem livros, que por si só já são perecíveis:

> Até hoje, o ser humano não desenvolveu um livro à prova de destruição. Mesmo trancado em um cofre com nenhum acesso humano, o livro como o conhecemos, se autodestruiria com a passagem dos séculos e em contato com o oxigênio e micro-organismos. Cremos que o problema da deterioração natural de um livro sequer seja o que nos preocupa. Isso porque, mesmo que a desintegração natural de um livro seja prejudicial ao patrimônio humano, o que nos instiga a fazer a reflexão sobre o assunto é a destruição intencional de um pelo biblioclasta. (SPERB; ARENDT, 2014, p. 32).

A violência contra autores e livros no Brasil não se restringe ao Estado Novo. No regime militar, por exemplo, foram censurados livros eróticos de autoras como Cassandra Rios e Adelaide Carraro, e romances de autoria de Rubem Fonseca e Dalton Trevisan, dentre muitos outros. Já em 2020, tivemos a notícia de que a Secretaria de Educação do Estado de Rondônia solicitou a recolha de livros por considerar seus conteúdos inadequados aos alunos.

> A lista das obras censuradas inclui 43 títulos. São livros de autores consagrados como Caio Fernando Abreu, Carlos Heitor Cony, Euclides da Cunha, Ferreira Gullar, Nelson Rodrigues e Rubem Fonseca. Também fazem parte o livro "O Castelo", de Franz Kafka, "Macunaíma", de Mário de Andrade e "Memórias Póstumas de Brás Cubas", de Machado de Assis – as duas últimas, obras recorrentemente exigidas em vestibulares. (SALDANHA; COLETTA, 2020).

A partir do exposto, podemos afirmar que a leitura incomoda àqueles que pretendem impor suas ideologias e impedir a difusão de pensamentos contrários aos seus, restringindo a formação de cidadãos questionadores e capazes de pôr em xeque ideias e interesses de representantes de instâncias do poder constituído.

2.1.2 Leitura: democratização do acesso

A evolução da escrita permite-nos compreender que o mundo letrado da Antiguidade não era para todos, pois atendia apenas a determinados grupos de pessoas e estava relacionado a religião, a *status* social e a questões políticas. Portanto, apenas alguns privilegiados dominavam a técnica da escrita e sabiam ler, entretanto, no século XIX, mudanças sociais afetaram a vida dos leitores, conforme nos informa Fischer (2006, p. 249):

> [...] Ler tornou-se mais fácil. Não só os livros estavam mais baratos e abundantes que em qualquer outro período, mas também houve progressos extraordinários no sistema de iluminação. As lâmpadas especiais e a iluminação a gás ficaram comuns, o que contribuía para que

> mais pessoas tivessem condições de ler. Desse modo, a nova tecnologia também serviu como grande incentivo à alfabetização.

Nascimento (2016) se manifesta sobre a democratização da leitura nas seguintes palavras:

> Hoje, a maioria das pessoas tem acesso à escrita e ao direito de aprender a ler e escrever, pois é de conhecimento de todos o quanto esses dois aspectos se fazem necessários no nosso cotidiano, apesar de existirem questões associadas a esses direitos que devem ser discutidas. Esses direitos são garantidos por lei, contudo, não há como afirmar que é uma realidade que vigora para todos os cidadãos. (NASCIMENTO, 2016, p. 26)

Os dois parágrafos anteriores revelam que, a partir dos custos mais baixos dos livros, da iluminação adequada e da implantação de leis de incentivo, o exercício da leitura tornou-se viável a um maior número de pessoas. Porém, a leitura continua difícil ou até mesmo impossível para muitos, não só pela falta de acesso aos textos, mas também pelo fato de não disporem de tempo para tal ou até mesmo por serem analfabetos.

2.1.3 Leitura: (an)alfabetismo e letramento

Quando se trata de analfabetismo, tem-se que levar em conta também o analfabetismo funcional cujos dados, conforme Scliar-Cabral (2005), demonstram a gravidade do problema no Brasil e nos levam a refletir que não basta garantir matrícula para todas as crianças em idade escolar, pois a escola está fabricando analfabetos.

Compreender o que é analfabetismo funcional nos induz a retomar os termos letramento e alfabetização. Historicamente, o conceito de alfabetização ultrapassa a simples decodificação de sinais gráficos ou da obtenção mecânica do ler e do escrever. Sendo o letramento uma condição para a formação do cidadão, podemos afirmar que é importante para a instituição escolar entender as modificações necessárias para transformar as práticas sociais de leitura e de escrita em meios significativos de aprendizado.

Letramento, como ressalta Kleiman, pressupõe reflexão quanto ao papel da instituição escolar como agência de letramento:

> O fenômeno do letramento, então, extrapola o mundo da escrita tal qual ele é concebido pelas instituições que se encarregam de introduzir formalmente os sujeitos no mundo da escrita. Pode-se afirmar que, a escola, a mais importante das agências de letramento, preocupa-se, não com o letramento, prática social, mas com apenas um tipo de prática de letramento, a alfabetização. (KLEIMAN, 1995, p. 20).

Na unidade I do Compêndio do Pró-letramento, consta a seguinte definição para letramento:

> [...] é o resultado da ação de ensinar ou de aprender, bem como o resultado da ação de usar essas habilidades em práticas sociais, é o estado ou condição que adquire um grupo social ou um indivíduo como consequência de ter-se apropriado da língua escrita e de ter-se inserido num mundo organizado diferentemente: a cultura escrita. (BRASIL, 2007, p. 11).

Nessa perspectiva, Prensky (2012, p. 27) destaca que "aprender é um grande trabalho. Não há método que funcione por si só", ou seja, é preciso adotar o letramento analógico e o digital para atingirmos o objetivo proposto na formação de leitores competentes. Ainda de acordo com esse autor:

> Precisamos desesperadamente de novas ideias e metodologias que criem interesse nessas novas gerações e as ajudem a aprender. Não dá mais para ficar lhes dizendo coisas, pois elas simplesmente não ouvem. Não dá para fazer exercícios de repetição, pois são de matar. Quem de nós está procurando inventar novas metodologias que consigam atingir essa geração embebida de tecnologia? (PRENSKY, 2012, p. 128).

Não há dúvida de que temos de incluir o letramento digital na escola. Entretanto, há de se convir que, para isso, devem ser adotadas metodologias adequadas, adaptadas aos interesses, às necessidades e às possibilidades da clientela para que haja resultados reais e não fictícios.

Nesta subseção mostramos que, como no passado, ainda hoje as opiniões sobre a leitura continuam divididas, o acesso a ela permanece restrito e uma das condições principais para que ela ocorra, que é o letramento, continua não sendo privilégio de todos. Na sequência, traçaremos um perfil da leitura abrangendo os cinco continentes.

2.2 A leitura no mundo

Conhecer a história da leitura possibilita entender seu percurso, as dificuldades para seu acesso, os desafios e os prazeres que ela representa para os leitores. A seguir, uma exposição sobre alguns fatores relacionados à leitura nos cinco continentes do mundo.

2.2.1 O continente africano

Geograficamente, esse continente é o terceiro mais extenso e o segundo mais populoso do planeta, com aproximadamente um bilhão de pessoas distribuídas em 54 países, agrupados em cinco regiões. Possui um extraordinário patrimônio mineral, entretanto sua riqueza natural não é aplicada igualitariamente na promoção educacional. Desse modo, de acordo com informações do OECD (2020), no continente africano há 10 países com taxas de alfabetização menores que 50%, com destaque para o Níger, ex-colônia francesa, com um percentual de apenas 19,1% da população alfabetizada. A precariedade do país e sua extrema pobreza fazem com que a maioria das famílias fique à mercê de um sistema educacional precário e, por consequência, longe do acesso a livros.

Ao resgatar fragmentos da história, constata-se que, no norte da África, mais especificamente no Egito, há registros da existência de bibliotecas na Antiguidade, sendo a mais famosa delas a Biblioteca de Alexandria. Fundada no governo de Ptolomeu I Sóter (323 a 285 a.C.), provavelmente como anexo do Museu Municipal, ela dispunha de um rico e vasto acervo, desproporcional à sua clientela, conforme se verifica nas seguintes palavras de Fischer:

> Ninguém era capaz de ler todo o conteúdo da biblioteca. Durante um século e meio, a coleção expandiu-se, chegando a contar com cerca de quinhentos mil rolos de papiro; outros quarenta mil foram armazenados em um depósito separado, anexo ao vizinho Templo de Serápis. Ela abrigava o maior volume físico de literatura que a região jamais havia visto. (FISCHER, 2006, p. 54).

Imagina-se que, embora abrigasse um acervo significativo, essa biblioteca tenha sido estabelecida como símbolo de *status* e não com o objetivo de se tornar um lugar de cultura e de aprendizagem para o povo em geral. Como afirmam Cavallo e Chartier (2002, p. 14):

> As grandes bibliotecas helenísticas, todavia, não eram bibliotecas de leitura. Eram, por um lado, sinais tangíveis de 'grandeza' das dinastias que estavam no poder (Ptolomeus, Atalidas), por outro, um instrumento de trabalho para um círculo de eruditos e de literatos. Ainda que estivessem tecnicamente dispostos para serem lidos, os livros eram mais acumulados do que realmente lidos.

Elevada posteriormente ao posto de maior centro cultural do mundo antigo, a Biblioteca de Alexandria veio a ser considerada uma das sete maravilhas do mundo. Embora ela tenha sido totalmente destruída em 48 a.C. durante uma guerra civil, serviu de inspiração para a construção de uma nova, entre 1989 e 2002, adequando-se às novas exigências. Conforme explicita Chartier:

> Desde Alexandria, o sonho da biblioteca universal excita as imaginações ocidentais. [...] Com o texto eletrônico, a biblioteca universal torna-se imaginável (senão possível) sem que, para isso, todos os livros estejam reunidos em um único lugar. Pela primeira vez, na história da humanidade, a contradição entre o mundo fechado das coleções e o universo infinito do escrito perde seu caráter inelutável. (CHARTIER, 1999, p. 117).

Embora haja bibliotecas como a de Alexandria no continente africano, apenas a existência e o funcionamento delas não garantem uma universalização da alfabetização e, por consequência, da leitura. Essa realidade se revela nos 95,9% de alfabetizados nas Seicheles contra os 19,1% do Níger, revelando a necessidade de implementação de políticas públicas voltadas para a igualdade do acesso à educação no continente. (APÊNDICE A).

2.2.2 O continente europeu

O continente Europeu é, em extensão territorial, um dos menores do mundo, contudo, é politicamente o de maior destaque. Com uma população média de 800 milhões de habitantes distribuídos em 49 países, foi responsável pela expansão do sistema capitalista e de "uma revolução na leitura graças a dois fatores impulsionadores: a impressão com os tipos móveis de metal e a formação da base capitalista para explorá-la". (FISCHER, 2006, p. 105).

Ao pesquisarmos as taxas de alfabetização nesse continente, constatamos que alguns países zeraram a taxa de analfabetismo, como Andorra (100%), e aqueles que apresentam níveis mais baixos estão próximos de atingir esse objetivo, como Malta (94,5%). (APÊNDICE B).

Nesse continente, a história mostra que a leitura e a escrita estão presentes há muito tempo. De acordo com Fischer (2006), os gregos antigos escreviam em qualquer material que estivesse disponível, pois poucos tinham recursos suficientes para comprar um livro (rolo). Há registros de que os gregos já liam desde 2000 a.C., embora fosse apenas uma minoria até 600 a.C. A partir do século VI a.C., esse quadro muda, propagando-se na vida pública com o objetivo de divulgar leis e cunhar moedas. No dizer de Cavallo e Chartier (2002, p. 10): "A história comprova que na Grécia antiga houve nítida consciência de que a escrita fora inventada para fixar os textos e trazê-los, assim novamente à memória, na prática, para conservá-los".

Em Atenas, por volta de 480 a.C., estima-se que uma em cada vinte pessoas fosse capaz de ler em diversos níveis de competência, o que incluía homens, mulheres e escravos. Esse foi um período em que a leitura deixou de ser monopólio de uma oligarquia e passou a ser ferramenta popular de acesso às informações.

Na Roma antiga, as primeiras leituras foram feitas em latim e consistiam de nomes de proprietários em vasos e objetos de metal, dedicatórias religiosas e alguns textos curtos. Entre os séculos II e I a.C., Roma tinha uma representação maior de cidadãos que participavam de atividades envolvendo a leitura e o povo tinha instrução relativamente boa. Roma talvez tenha sido "o primeiro 'Império da Leitura', uma vez que os patrícios, assim como grande número de homens, mulheres, libertos e escravos – em Roma, no restante da Itália romanizada e em muitas outras províncias –, liam e escreviam todos os dias." (FISCHER, 2006, p. 64).

Com a participação nos eventos que envolviam a leitura, o uso do livro se propaga, segundo informam Cavallo e Chartier (2002, p. 16) no seguinte trecho:

> A partir dos séculos III-II a.C., o uso do livro se expande e tal expansão se inscreve nas mudanças por que passa a sociedade romana [...]. O próprio nascimento de uma literatura latina está ligado, nessa época, a esses modelos e a livros gregos.

As primeiras leituras públicas na Grécia e em Roma guardavam íntima ligação entre a literatura oral e a escrita. Assim, era comum os gregos manterem um escravo treinado para ler em voz alta, prática que durou por muito tempo. Com o passar dos anos, a leitura sofreu um declínio no Império Romano em todos os domínios sociais, exceto na prática religiosa, que armazenava diversos livros religiosos e clássicos da literatura. Conforme Fischer (2006, p. 85):

> A biblioteca do cristianismo mais antiga de que se tem notícia surgiu na igreja romana de São Lorenzo, fundada pelo papa Dâmaso I em alguns períodos dos anos 380. Armazenava diversos livros da Bíblia, comentários bíblicos, obras de apologistas gregos, além de um conjunto de clássicos gregos e latinos.

No início da Era Medieval, muitos dos "anglo-saxões" e jutos liam em runas, embora já houvesse alguns que dominassem a língua e a escrita latina. O alfabeto latino da Igreja – o instrumento de toda a educação ocidental – mostrou-se poderoso e, com o passar dos séculos, tomou o lugar das runas.

Atualmente, um país de destaque em termos de leitura é a Irlanda, onde há uma política de investimentos em educação de qualidade. Por essa razão, é um país reconhecido pelo grande afluxo de jovens de várias partes do mundo para estudos em suas universidades. O país dispõe de uma grande variedade de bibliotecas, algumas centenárias como a Trinity, localizada em Dublin, uma das mais conceituadas do mundo.

Construída entre 1712 e 1732, a Biblioteca Trinity abriga, em média, duzentos mil livros, e tem direito a uma cópia de cada livro publicado no Reino Unido. O destaque do acervo dessa biblioteca é o livro de Kells, escrito por monges celtas há cerca de mil e duzentos anos, por volta de 800 d.C., um dos manuscritos mais valiosos da humanidade. (Cf. FUSCO, 2016).

Todos os anos, quase um milhão de cientistas e curiosos visitam Dublin para conhecer o livro de Kells. Para os que não podem ir à Irlanda, a Trinity

College Library disponibilizou a obra *online* de forma gratuita. "As transparências do Livro de Kells, originalmente produzidas em 1990, foram recentemente digitalizadas usando uma tecnologia de imagem de última geração cujas imagens, de tão precisas, só perdem para a visualização do vivo", informa a biblioteca em seu *site*[1].

2.2.3 O continente asiático

O continente asiático, o maior dos continentes em território, apresenta também a maior população do planeta, distribuída em 55 países. Está dividido em Ásia Central, Ásia Setentrional, Ásia Oriental, Ásia Meridional, Sudeste Asiático e Ásia Ocidental.

Esse continente apresenta países que zeraram o analfabetismo e outros que estão próximos de atingir essa meta. Entretanto, se há países cujas taxas de alfabetização chegam a 100% (Uzbequistão e Coreia do Norte) e outros que superam os 90%, existem alguns com índices abaixo dos 50%, como o Afeganistão, com apenas 43% de alfabetizados, revelando a necessidade de investimentos financeiros e vontade política no incremento da educação. (APÊNDICE C).

O desenvolvimento do processo da leitura nesse continente varia de acordo com o país ao longo de sua história. Na China (localizada na Ásia Oriental), Kong Fuzi ou Confúcio (551-479 a.C.), o principal filósofo, considerado mestre, defendia a primazia da oralidade, fazendo pouca alusão à leitura. Porém, os chineses ganharam gosto por ela e, conforme Fischer (2006), até a metade do século XVIII, tinham sido publicados mais livros em chinês que em todos os outros idiomas do mundo juntos.

---

1 Disponível em: https://www.edublin.com.br/book-of-kells/ Acesso em: 04. abri. 2023.

Segundo Fischer (2006, p. 93), "a leitura em chinês era um processo completamente diferente da leitura em grego, hebraico ou latim" e a origem da escrita "surgiu por completo na região centro-oeste da China em cerca de 1400 a.C. Isso sugere uma influência do Ocidente, onde a escrita completa já existia há mais de dois mil anos". (FISCHER, 2006, p. 92).

Os suportes dos textos chineses eram diversos e foram sendo substituídos no correr dos tempos, de acordo com a necessidade.

> Os chineses continuavam lendo, nesse período, os caracteres pintados em casca de árvore, bambu e madeira; entalhado em pedra, osso ou, agora raramente, cascos de tartaruga; ou moldados em bronze. Durante o início da dinastia Han (25-220 d.C.), entretanto, a seda tornou-se um material de escrita comum, usado para correspondências, documentos oficiais e composições. Mas, assim como o papiro no Ocidente, a seda era caríssima. (FISCHER, 2006, p. 96).

Em virtude do alto preço da seda, foi imperativo que se procurasse um material mais barato, que atendesse à crescente necessidade de mais textos. Assim, no século I d.C., com a utilização de novas técnicas, foi produzido o que veio a ser o mais benéfico e corriqueiro dos materiais empregados para escrita até hoje no mundo: o papel: "Em pouco tempo o papel tornou-se o principal material empregado para a escrita na China e, em virtude de seu custo relativamente baixo, impulsionou enorme expansão da leitura por toda a Ásia oriental." (FISCHER, 2006, p. 97).

A supremacia dos homens sobre as mulheres se fazia presente na educação chinesa, pois, enquanto os chineses eram beneficiados com a educação e o treinamento nas práticas de leitura, as chinesas ficavam em segundo plano. Como observa Fischer:

> Estimou-se que, no final do século XIX, entre 30 e 45% de todos os homens chineses fossem letrados. A alfabetização feminina era um caso à parte. Antes do século XX, as mulheres chinesas não contavam com a aprovação nem com o fornecimento sistemático de nenhuma forma de ensino oficial. As mulheres, em virtude da convivência em casa com homens letrados, tinham, em geral, acesso mais livre à educação e a materiais de leitura. (FISCHER, 2006, p. 101).

Os leitores na China eram homens treinados como nobres, burocratas ou sacerdotes budistas. Há relatos de que os livros apareceram na China há 2 mil e 700 anos, com características diferentes das de hoje. Com o tempo, começaram a ser gravados em utensílios de bronze ou em pedras, por meio da utilização de sinais ou ideogramas[2] Os chineses eram o maior público leitor do mundo. Portanto, sendo esse povo grande consumidor de material escrito, não é de se admirar que tenha sido ele o inventor do papel, já que o preço da seda usada na escrita, similarmente ao papiro no Ocidente, era altíssimo.

Além da China, outro país asiático destacado por Fischer (2006) é a Coreia (Ásia Oriental), onde, até 108 d.C., os leitores liam somente em chinês, porém, toda a leitura era feita clandestinamente, pois representava risco à vida de quem a praticasse. Até hoje, na Coreia do Norte, as publicações são controladas com rigidez e o acesso a assuntos autorizados e alguns temas, como ciência e tecnologia, é liberado apenas para um restrito círculo de especialistas.

---

[2] Disponível em: https://portuguese.cri.cn/152/2006/11/22/1@56208.htm. Acesso em: 4 mar. 2020.

De outro modo, na Coreia do Sul, é possível desfrutar da leitura sem o rigor exigido na Coreia do Norte.

No Japão, como na China, as mulheres nem sempre tiveram as mesmas oportunidades de leitura que os homens. Conforme Fischer (2006, p. 108), no Japão antigo, além de terem uma vida difícil e curta, elas eram desaconselhadas a ler e a escrever. Mesmo assim, algumas delas conseguiram adquirir conhecimentos e organizaram formas especiais de compartilhar sua escrita:

> As mulheres japonesas criaram enfim não só seu próprio estilo de escrita, o linguajar cortesão que os homens jamais tinham permissão para falar, mas também seu próprio *corpus* literário, sua própria biblioteca. Esse fenômeno social resultou na produção da mais sublime literatura do mundo, a essência ímpar de uma reinterpretação da elite japonesa do que havia de melhor na China. (FISCHER, 2006, p. 109).

De acordo com o autor, a conquista das mulheres com referência ao acesso à leitura e à escrita mereceu destaque não apenas pela inteligência e pela criatividade, mas pela extravagância no capricho e no senso crítico de suas realizações.

2.2.4 O continente americano

O continente americano é dividido em três regiões: América do Norte, América Central e América do Sul. Na América do Norte, seu alto grau de desenvolvimento se baseia em uma economia sustentada por uma grande variedade de produtos e serviços. Devido a suas proporções e desigualdades regionais, as características e as necessidades quanto à alfabetização e à leitura são específicas. (APÊNDICE D).

A América do Norte apresenta taxas de alfabetização que variam de 100% (Groenlândia) a 95% (México). Nos dados da OECD não constam as taxas dos Estados Unidos. Contudo, no Portal Brasil[3], encontra-se a informação de que ocupa o 19º lugar no mundo, o que corresponde a 99% de alfabetizados.

A América do Sul, por seu turno, revela taxas que variam de 99% (Argentina) a 88,5% (Guiana). Nesse contexto, o Brasil encontra-se em nono lugar, com 93,2%, atrás da Argentina (99%), do Uruguai (98,7%), da Venezuela (97,1%), do Chile (96,4%), da Colômbia (95,1%), do Suriname (94,4%), do Peru (94,4%) e do Paraguai (94%). Esses dados revelam que falta muito para o continente sul-americano se libertar do analfabetismo pela quantidade de países que estão abaixo dos 90%.

A América Central, por sua vez, possui taxas entre 99,8% (Cuba) e 61,7% (Haiti). Esses dados revelam as diferenças quanto aos investimentos públicos em Educação nesse continente. Com relação à América do Sul, Jaramillo Hoyos se expressa nas seguintes palavras:

> [...] cabe salientar o alto consumo de livros na Argentina e no Chile, onde 50% da população mostraram ler muito. No âmbito das revistas, o Chile e o Uruguai são os maiores leitores, e quanto aos jornais o Peru é o destaque, em posição muito superior aos outros países e muito próximo a Espanha. (JARAMILLO HOYOS, 2012, p. 13).

[3] Disponível em: https://www.portalbrasil.net/americas_estadosunidos.htm. Acesso em: 23 jul. 2020.

Durante a sua história, boa parte da população da América Central foi privada de educação. Contudo, há uma luta para reverter esse quadro com programas de alfabetização.

2.2.5 Oceania

A Oceania é composta de quatorze países, sendo o principal a Austrália, que ocupa 96% do território e é o sexto maior país do mundo, com um Índice de Desenvolvimento Humano (IDH) considerado elevado. Conforme dados divulgados pela Organização das Nações Unidas (ONU), 5% do PIB desse país é destinado à educação. No entanto, o continente constitui-se, além da Austrália, de inúmeras ilhas e fiordes no Oceano Pacífico, sendo que parte da população do continente é formada por nativos, os aborígenes australianos, que vivem em condições precárias. Os índices apresentados pela OECD indicam os países mais e menos desenvolvidos em termos de alfabetização: Tonga (99,4%) e Papua Nova Guiné (64,2%). (APÊNDICE E).

Esta breve exposição sobre a alfabetização nos cinco continentes mostra que, apesar de haver países que atingiram 100% de alfabetização, existem aqueles cuja luta contra o analfabetismo está longe de terminar. Concluída esta subseção, passaremos à leitura no Brasil, com destaque para o Estado de São Paulo e Município de Santo André.

2.3 A leitura no Brasil

Conhecer a história da leitura no Brasil pode revelar as razões pelas quais esse hábito não se estabeleceu como algo necessário e prazeroso no país e descobrir se os diversos pretextos apresentados, como culpa dos professores, dos políticos, da economia e da falta de incentivo justificam o baixo desempenho escolar do brasileiro no quesito leitura.

A habilidade da leitura insere-se na ideia de "educação para todos", direito que, desde os primórdios, é garantido a poucos. Castro e Tiezzi (2005) analisam os limites e os desafios enfrentados para se atingir a plena universalização do acesso e a qualidade da educação básica e afirmam que, em meados da década de 80, iniciou-se um novo ciclo de educação brasileira com a democratização do acesso ao Ensino Fundamental.

As aulas de leitura quase sempre são lembradas como um momento "chato", obrigatório, desconectado da vida. Para mudar isso e articular as funções escolares com o prazer da descoberta, é necessário um trabalho de aproximação significativa entre o aluno, os livros e outros materiais impressos ou *online*, mostrando a sua funcionalidade para a vida.

Deve-se considerar que a leitura da clientela do Ensino Fundamental I requer estratégias e procedimentos que exigem a colaboração do professor. Conforme Solé (1998, p. 65):

> Aprender a ler não é muito diferente de aprender outros procedimentos ou conceitos. Exige que a criança possa dar sentido àquilo que se pede que ela faça, que disponha de instrumentos cognitivos para fazê-lo e que tenha ao seu alcance a ajuda insubstituível do seu professor, que pode transformar em um desafio apaixonante o que para muitos é um caminho duro e cheio de obstáculos.

Ainda para Solé:

> Formar leitores autônomos também significa formar leitores capazes de aprender a partir de textos. Para isso, quem lê deve ser capaz de interrogar-se sobre sua própria compreensão, estabelecer relações entre o que lê e o que faz parte do seu acervo pessoal, questionar seu

> conhecimento e modificá-lo, estabelecer generalizações que permitam transferir o que foi aprendido para outros contextos diferentes. (SOLÉ, 1998, p. 72).

Além das estratégias de leitura, é necessário um preparo para tornar o momento agradável e significativo. Conforme Failla (2016, p. 21), "ler não é tarefa fácil para quem ainda não foi 'conquistado' e é impraticável para quem não compreende aquilo que lê".

2.3.1 Um perfil da educação brasileira

Antes da chegada dos portugueses ao território brasileiro, todas as práticas educacionais eram realizadas oralmente pelos índios, que ensinavam, às suas crianças, as diversas técnicas e atividades necessárias à subsistência, como plantar, cozinhar, pescar e guerrear. Não havia, nesse contexto, nada que envolvesse leitura ou escrita.

A história da educação formal no Brasil é permeada por inúmeros problemas, a começar pela influência religiosa e de outros países. A busca por um modelo funcional de educação varia de acordo com cada época, "com um certo consenso na reflexão educativa [...], com o objetivo de desenvolver a competência interpretativa por meio da leitura". (COLOMER, 2007, p. 30).

Nesse sentido, a mesma autora afirma que formar os alunos como cidadãos da cultura escrita é um dos principais objetivos educativos da escola. Com esse propósito, é adequado estimular, planejar e traçar rumos para que a leitura dê sua contribuição ao desenvolvimento das competências escolares. Para tanto, a instituição escolar tem o dever de viabilizar o educar como um "direito de todos", de contemplar as diversas áreas do conhecimento.

De acordo com Melati:

> No Brasil, a ideia da "educação para todos" perpassa a história do país, mas o processo de democratização do ensino ao longo da história revestiu-se de uma gama de interesses singulares e conflitantes que, decisivamente, moldaram o caráter do ensino. (MELATI, 2017, p. 16).

A história da leitura no Brasil é tão recente quanto a própria história do país. Mesmo com o fato de os índios terem saberes próprios, a construção dos saberes ditos escolares foi estabelecida com a presença dos colonizadores, marcada por caminhos tortuosos e com pouca qualidade, na maioria das situações como privilégio para poucos. Conforme Sodré (2003), o ensino jesuíta, única opção por mais de dois séculos desde a chegada dos portugueses, tinha o objetivo de catequizar as comunidades, não de torná-las letradas no sentido mais amplo. Além disso, o atraso de 300 anos para a instalação da primeira imprensa e a fundação tardia das primeiras escolas e universidades laicas contribuíram para o retardo da evolução educacional no país. (Cf. XAVIER, 2002).

Para resgatar fragmentos da história da educação brasileira, faz-se necessário um retorno à chegada dos portugueses ao país.

> 1º) do descobrimento em 1500 até 1930: período em que predominou a educação tradicional, centrada no adulto e na autoridade do educador, predominantemente religiosa, e no ensino privado;
>
> 2º) de 1930 a 1964: depois de uma fase de confronto entre o ensino privado e o ensino público, predominaram as ideias liberais na educação com o surgimento da "escola nova", centrada na criança e nos métodos reno-

> vados, em oposição à educação tradicional;
>
> 3º) o período pós-64, marcado pelo início de uma longa fase de educação autoritária sob governos militares, em que predominaram o tecnicismo educacional. Depois de 1985, teve início uma transição que dura até hoje, revelando o enorme atraso em que o país se encontra em matéria de educação para atender a todos. (Cf. GADOTTI, 1997).

Conforme Melati, a educação brasileira foi diferentemente dividida em três fases:

> A primeira, de 1530 a 1889, constituiu-se predominantemente das influências europeias, seja ao copiar o modelo jesuíta ou o pedagógico europeu. De 1889 a 1985, as quatro primeiras repúblicas, a ditadura Vargas e a ditadura militar marcaram as decisões educacionais visivelmente influenciadas ora pela elite latifundiária, ora pela elite burguesa industrial recém-criada. O último momento, de 1985 até os dias de hoje, foi responsável pela reestruturação da administração educacional, a implantação de um sistema de avaliação, a democratização do Ensino Fundamental, a expansão do ensino médio, uma ampla reforma curricular. (MELATI, 2017, p. 17).

Conforme a autora, a primeira fase, que durou 359 anos, constituiu-se de influências europeias; já a segunda, que compreendeu um período de 96 anos, teve momentos distintos e difíceis apesar de, na ditadura Vargas, ter sido criado o Ministério da Educação e instituído o sistema nacional público de ensino.

2.3.1.1 A educação brasileira (1530-1889)

A partir da chegada dos portugueses, a educação passa a ter vestígios do modelo medieval (ensino religioso) trazido pelos jesuítas com o objetivo de catequizar os índios. Conforme Gadotti (1998, p. 231), "os jesuítas nos legaram um ensino de caráter verbalista, retórico, livresco, memorístico e repetitivo, que estimulava a competição por meio de prêmios e castigos".

Após o período jesuítico, estabeleceu-se, em um primeiro momento, a escola nova; na sequência, veio o período do ensino tecnicista e, mais tarde, a redemocratização. As aulas nesse período resumiam-se às chamadas aulas Régias, com lições de latim, de grego e de retórica, assim permanecendo por todo o século XVIII. Segundo Zilberman (1985, p. 14):

> A partir do século XVIII a leitura se revela como um fenômeno historicamente delimitado e circunscrito a um modelo de sociedade que se valeu dela para sua expansão. Essa sociedade passava por uma revolução industrial, que com ela se associaram profundas modificações tecnológicas e científicas. No plano político, a revolução democrática determinou o avanço irrefreável das formas de participação popular na direção de um sistema comunitário apoiado na igualdade em todos os membros.

No início do século XIX, a educação brasileira estava caótica, com práticas inadequadas e estagnadas. Apenas em 1808, em virtude da presença da Família Real Portuguesa, foi estabelecida uma nova estrutura educacional. Nessa fase, as escolas brasileiras passaram a ser obrigatórias em cidades, vilas e lugares populosos. Ao mesmo tempo, apesar de a imprensa escrita estar direcionada apenas ao entretenimento por meio de romances e periódicos, as leituras começaram a incidir no gosto popular.

Nesse período, D. João VI ordenou que fossem trazidos, de Lisboa, cerca de 60 mil volumes da Biblioteca Real Portuguesa, o que ocorreu em três viagens de navio, entre 1810 e 1811. Assim, em 28 de outubro de 1810, foi assinado um decreto para a criação da Real Biblioteca. Esse fato foi um marco para o país e, ao mesmo tempo, o início da *popularização* desse tipo de espaço público, com destaque para as raridades de seus acervos, como a primeira edição de *Os Lusíadas*, de Luís de Camões, e pela beleza de suas edificações.

Com acesso a uma farta literatura e o estímulo à leitura, seria óbvio que se pensasse na produção de novas obras. É nesse contexto que a história da leitura no Brasil começa, com a introdução de jornais impressos e a expansão da imprensa periódica, o que incluía a impressão de livros. No entanto, como a biblioteca e os materiais disponíveis para leitura ficavam apenas nas cidades grandes, o número de leitores continuava insignificante. Esse cenário mudou gradativamente, com investimentos na educação e na cultura, com a criação de faculdades e ampliação de cursos e sistemas que possibilitariam os estudos e, por consequência, o interesse pela leitura. Entretanto, a base da educação, que é o ensino fundamental, ficou no esquecimento. Na exposição de Gadotti:

> Pela Constituição do Império, decretada em 1824, competia às Assembleias Legislativas das províncias (hoje, Estados), o direito de legislar sobre instrução pública. Apesar da Constituição do Império defender o princípio da instrução primária gratuita para todos os cidadãos, o Ensino Fundamental permaneceu no completo abandono, de tal forma que ao final do Império, o país

> tinha cerca de 14 milhões de habitantes, dos quais 85% eram analfabetos. (GADOTTI, 1997, p. 3).

Em 1837, houve a fundação da Biblioteca Nacional do Rio de Janeiro, com a maior coleção de obras lusófonas fora de Portugal. Em 1855 ela ganhou novo prédio e, em 1876, passou a se chamar Biblioteca Nacional. O prédio onde ela se encontra atualmente teve sua construção iniciada em 1905 e foi inaugurado em 1910.

Algumas datas importantes para a Biblioteca Nacional são: 1960 – sesquicentenário de sua instalação; 1978 – implantação do sistema ISBN; 1982 –início da automatização de seu catálogo; 1984 – incorporação do Banco de Teses, que passa a constituir a Fundação Nacional Pró-Leitura; 1996 – aquisição de Software de automação bibliográfica; 2006 – implantação da Biblioteca Nacional Digital (BNDigital).

2.3.1.2 Educação Brasileira (1889 a 1985)

Após a Proclamação da República, o Brasil passou por cinco fases distintas: República Velha (1889-1930), Era Vargas (1930-1945), República Populista (1946-1964), Ditadura Militar (19641985) e Nova República (a partir de 1985), cada uma impondo suas marcas no processo educacional. (Cf. FERREIRA, 2018).

Na República Velha, a constituição republicana de 1891 fez menções ao ensino superior e instituiu a laicidade do ensino nas instituições públicas, sem qualquer alusão ao ensino fundamental (Cf. BRASIL, 1891). Em 1924, o combate ao analfabetismo passa a fazer parte do movimento cívico-patriótico a partir da Associação Brasileira de Educação (ABE) que, segundo informação em sua página na internet, "surgiu para enfrentar os graves problemas que obstruíam o desenvolvimento da educação brasileira." (ABE, 2020).

Na era Vargas, foi promulgada a Constituição de 1934 (BRASIL, 1934), a qual trouxe ideias específicas sobre a educação e a cultura, com numerosas propostas de reformas educacionais. Assim, nos artigos 148 a 158, são contempladas a educação primária, a secundária e a superior. Além disso, o §4º do art. 121 menciona a educação rural. Entretanto, uma busca pelo termo "educação" nesse texto constitucional revela que o zelo pela educação ali registrado deixa a marca da ideologia do poder dominante na época, pois, no art. 138, consta: "b) estimular a educação eugênica", deixando claro que "educação para todos" não era, de fato, para todos.

> Tal ideologia influenciou sobremaneira o discurso de parlamentares deste mesmo período sendo responsável por articular na Constituição de 1934 medidas que viessem a demonstrar o que a sociedade branca e alfabetizada idealizava para a educação no Brasil. A mesma Constituição que estabeleceu a garantia de ensino primário e sua gratuidade em todo o estado nacional brasileiro, também garante a defesa através do Art. 138 da mesma constituição, que os mulatos, negros ou deficientes (de qualquer nível) são limitados perante a educação, e que ações de ordem social, filantrópica ou educativas seriam apenas paliativas e não resolveriam o problema da raça. (ROCHA, 2014).

Nesse período, a educação passou a ser considerada um dos problemas fundamentais da nacionalidade e, em 1932, Fernando de Azevedo e outros educadores e teóricos filiados a ABE apresentaram o "Manifesto dos Pioneiros da Educação Nova", visando a um Ensino Fundamental público, laico, gratuito e obrigatório.

Na República Populista, foi promulgada a Constituição de 1946 (BRASIL, 1946). Nesse texto constitucional, a educação tem lugar no artigo 168, que garante gratuidade e obrigatoriedade do ensino primário para todos e gratuidade para o ensino posterior ao primário para aqueles que provassem carência de recursos. Além disso, obrigava as empresas com mais de cem funcionários a promoverem o ensino primário gratuito para os empregados e seus filhos. A Lei de Diretrizes e Bases da Educação, prevista no Art. 5º dessa Constituição, foi promulgada em 1961.

Ainda no início da década de 60, o debate educacional intensificou-se e a taxa de analfabetismo levou Paulo Freire a elaborar um método de ensino que, mais tarde, o consagraria como o educador mais importante do Brasil em um período no qual alfabetizar e conscientizar eram termos inseparáveis na concepção da prática de liberdade.

O método de Paulo Freire despertou a atenção do então Presidente da República, João Goulart, que tentou expandi-lo para todo o território nacional. Porém, o golpe militar de 1964 interrompeu o projeto e exilou seu autor. As medidas tomadas no regime militar com vistas à educação de base e de alfabetização envolveram principalmente a criação do MOBRAL (Movimento Brasileiro de Alfabetização), cuja proposta era alfabetizar mais de dez milhões de adultos até 1971, conforme descrito nos seguintes trechos:

> A retração dos movimentos de educação de base e de alfabetização de adultos após as mudanças políticas de 1964 criou um vácuo político-educacional que o novo regime apressou-se em preencher. Logo após a supressão

> ou o confinamento dos movimentos tidos como de inspiração esquerdista, como o Movimento de Educação de Base (MEB), o Movimento da Cultura Popular (MCP) e outros que utilizavam predominantemente o método Paulo Freire, o Ministério da Educação passou a apoiar movimentos similares, mas de orientação ideológica compatível com o novo regime.
>
> [...]
>
> Pela Lei nº 5.379, de 15 de dezembro de 1967, foi criada, no âmbito do Ministério da Educação, uma fundação de direito público com o nome de Movimento Brasileiro de Alfabetização, com a ambiciosa meta de alfabetizar 11,4 milhões de adultos até 1971, objetivando a eliminação total do analfabetismo no país até 1975. Depois de um período de organização e ensaios de estratégias de atuação, o Mobral começou a funcionar, efetivamente, em setembro de 1970, contando com recursos da Loteria Esportiva e do Imposto de Renda, além de doações de empresas estatais e particulares. (CPDOC, 2009).

Na Nova República, foi promulgada a Constituição de 1988. Essa Constituição trata da educação na Seção I do Capítulo III, nos artigos 205 a 214, nos quais estão previstos, entre outros fatores, a igualdade de direitos à educação, com ensino gratuito e de qualidade. A seguir, destacamos partes do Art. 208, as quais conectam-se mais diretamente ao escopo deste trabalho:

> Art. 208. O dever do Estado com a educação será efetivado mediante a garantia de:
>
> I - educação básica obrigatória e gratuita dos 4 (quatro) aos 17 (dezessete) anos de idade, assegurada in-

> clusive sua oferta gratuita para todos os que a ela não tiveram acesso na idade própria; (Redação dada pela Emenda Constitucional nº 59, de 2009) (Vide Emenda Constitucional nº 59, de 2009)
>
> [...]
>
> IV - educação infantil, em creche e pré-escola, às crianças até 5 (cinco) anos de idade; (Redação dada pela Emenda Constitucional nº 53, de 2006)
>
> [...]
>
> VII - atendimento ao educando, em todas as etapas da educação básica, por meio de programas suplementares de material didático escolar, transporte, alimentação e assistência à saúde. (Redação dada pela Emenda Constitucional nº 59, de 2009)
>
> § 1º O acesso ao ensino obrigatório e gratuito é direito público subjetivo.
>
> § 2º O não oferecimento do ensino obrigatório pelo Poder Público, ou sua oferta irregular, importa responsabilidade da autoridade competente.
>
> § 3º Compete ao Poder Público recensear os educandos no ensino fundamental, fazer-lhes a chamada e zelar, junto aos pais ou responsáveis, pela frequência à escola. (BRASIL, 1988).

Ao contrário da Constituição de 1937, que não considerava parte da população como integrante do povo brasileiro, o respeito a povos pertencentes a raças ou etnias não brancas está previsto no Art. 210 da Constituição de 1988 ao determinar a inclusão da linguagem dos povos indígenas no ensino fundamental: "§ 2º O ensino fundamental regular será ministrado em língua portuguesa, assegurada às comunidades indígenas também a utilização de suas línguas maternas e processos próprios de aprendizagem". (BRASIL, 1988).

Quanto ao analfabetismo, sua erradicação consta no Art. 214 da atual Constituição. Entretanto, as alterações do art. 60 do Ato das Disposições Constitucionais Transitórias veio sofrendo alterações até o termo analfabetismo não constar mais dessa parte do documento constitucional, como se esse problema já estivesse resolvido no Brasil. Enquanto o texto original prevê a eliminação do analfabetismo e a Emenda Constitucional nº 14 de 1996 cita sua erradicação, a Emenda Constitucional nº 53 de 2006 não faz referência ao termo, conforme se verifica no seguinte recorte.

> Art. 60. Nos dez primeiros anos da promulgação da Constituição, o Poder Público desenvolverá esforços, com a mobilização de todos os setores organizados da sociedade e com a aplicação de, pelo menos, cinquenta por cento dos recursos a que se refere o art. 212 da Constituição, para **eliminar o analfabetismo** e universalizar o ensino fundamental. (**Redação original**)
>
> [...]
>
> Art. 60. Nos dez primeiros anos da promulgação desta Emenda, os Estados, o Distrito Federal e os Municípios destinarão não menos de sessenta por cento dos recursos a que se refere o caput do art. 212 da Constituição Federal, à manutenção e ao desenvolvimento do ensino fundamental, com o objetivo de assegurar a universalização de seu atendimento e a remuneração condigna do magistério. (Redação dada pela Emenda Constitucional nº 14, de 1996)

> § 6º A União aplicará na **erradicação do analfabetismo** e na manutenção e no desenvolvimento do ensino fundamental, inclusive na complementação a que se refere o § 3º, nunca menos que o equivalente a trinta por cento dos recursos a que se refere o caput do art. 212 da Constituição Federal. (**Incluído pela Emenda Constitucional nº 14, de 1996**)
>
> [...]
>
> Art. 60. Até o 14º (décimo quarto) ano a partir da promulgação desta Emenda Constitucional, os Estados, o Distrito Federal e os Municípios destinarão parte dos recursos a que se refere o caput do art. 212 da Constituição Federal à manutenção e desenvolvimento da educação básica e à remuneração condigna dos trabalhadores da educação, respeitadas as seguintes disposições: (**Redação dada pela Emenda Constitucional nº 53, de 2006**). (BRASIL, 1988, grifos nossos).

Esses dados, extraídos da Constituição de 1988, mostram o interesse da Nova República pela educação básica. Entretanto, os resultados ainda não são satisfatórios, como já apontava Gadotti em 1997.

> Com o fim do regime militar (1985) pode-se respirar mais o odor da liberdade política, mas a situação econômica deteriorou-se ainda mais para a maioria da população... Apesar da relativa expansão das oportunidades educacionais, no período citado, e da reorganização dos trabalhadores em educação, a qualidade de ensino deteriorouse profundamente e os índices de evasão e, sobretudo, de repetência, tornaram-se alarmantes. Devido à

> evasão e à repetência, apenas 44% dos alunos terminam as oito séries do Ensino Fundamental e para isso são necessários 11,4 anos em média para concluí-los e apenas 3% concluem a oitava série sem nenhuma repetência; 65% dos alunos terminam só a quinta série. (GADOTTI, 1997, p. 5).

As palavras de Gadotti no trecho anterior continuam verdadeiras, pois o acesso e a permanência na escola é problema enfrentado ainda hoje em algumas regiões do Brasil.

Com a Constituição de 1988, a educação passou a ser, por lei, um direito de todos, conforme indica o *caput* do art. 205.

> A educação, direito de todos e dever do Estado e da família, será promovida e incentivada com a colaboração da sociedade, visando ao pleno desenvolvimento da pessoa, seu preparo para o exercício da cidadania e sua qualificação para o trabalho. (BRASIL, 1988).

Deve-se ter em vista que o direito à educação deve significar ter igualdade de condições em termos de acesso e de permanência na escola, à liberdade de aprender, ao pluralismo de ideias e à gratuidade. Entretanto, a educação aparece sempre integrada a uma estratégia de regularização, de normalização, de assistência, de habilitação e de vigilância das crianças. Além disso, ela foi, reiteradas vezes, organizada como um dispositivo de controle político da sociedade, muito mais aparentada com um campo intermitente de disputas. Assim, evasão, políticas de reforma, exclusão, reprovação, processos de proletarização profissional e privatização da educação comparecem na narrativa que conta a história dessa ambiguidade do funcionamento do sistema escolar no Brasil. (Cf. PAULILO, 2004).

2.3.1.3 Programas de incentivo e investimentos

Os investimentos financeiros na capacitação leitora dos estudantes brasileiros têm historicamente percorrido caminhos tortuosos. A cada troca de governo ou de secretaria, surgem novos programas de investimento, com diferentes ideais hipoteticamente visando à melhoria do ensino, inclusive no tocante à leitura.

Dentre esses programas, podemos citar o PROLER e o PRÓ-LEITURA. O primeiro, foi instituído em maio de 1992 como elemento estimulador que propiciaria e promoveria o entrosamento de ações e de pessoas envolvidas na promoção da leitura; o segundo, foi implantado também em 1992 com o objetivo de contribuir para a formação continuada dos professores na área da leitura. Dentre os outros programas voltados à leitura, podemos citar o Programa Nacional Biblioteca na Escola (PNBE), criado em 1997, e o Projeto "Literatura em minha casa", implementado em 2001. (Cf. SOARES, 2000).

Com a ampliação da autonomia dos municípios no ano de 1996, foi criado o Fundo de Manutenção e Desenvolvimento do Ensino Fundamental e de Valorização do Magistério (FUNDEF), que só entrou em vigor dois anos após sua criação. Esse Fundo, conforme França e Gonçalves (2016), "além de garantir um gasto mínimo por aluno da rede pública (independente da dependência administrativa) por parte do governo federal, estabeleceu que Estados e Municípios vinculassem 20% das receitas para educação".

Em 2007, o FUNDEF foi substituído pelo FUNDEB (Fundo Nacional de Desenvolvimento da Educação Básica), com objetivos semelhantes. Associados ao FUNDEB estão o Programa Nacional do Livro Didático (PNLD), "destinado a avaliar e a disponibilizar obras didáticas, pedagógicas e literárias, entre outros materiais de apoio à prática educativa" (BRASIL, 2017) e o Programa Nacional Biblioteca na Escola (PNBE) por meio dos quais é "promovido o acesso à cultura e o incentivo à leitura com a distribuição de acervos de obras de literatura, de pesquisa e de referência". (BRASIL, 2018).

O PNLD, sob a responsabilidade operacional do FNDE, é um dos programas de incentivo à leitura que vem sendo adaptado ao longo de sua existência, conforme se verifica no texto abaixo.

> O Programa Nacional do Livro Didático (PNLD) é o mais antigo dos programas voltados à distribuição de obras didáticas aos estudantes da rede pública de ensino brasileira e iniciou-se, com outra denominação, em 1937. Ao longo desses 80 anos, o programa foi aperfeiçoado e teve diferentes nomes e formas de execução. (BRASIL, 2017).

Além de obras didáticas, pedagógicas e literárias impressas, o PNLD, em sua alteração de 2012, inclui facilitadores para a inserção dos alunos no meio digital, como se verifica no seguinte texto:

> Já para o ano letivo de 2015, foi lançado em 2012 o edital que prevê que as editoras podem apresentar obras multimídia, reunindo livro impresso e livro digital. A versão digital deve trazer o mesmo conteúdo do material im-

> presso mais os objetos educacionais digitais, como vídeos, animações, simuladores, imagens, jogos, textos, entre outros itens para auxiliar na aprendizagem. O edital também permite a apresentação de obras somente na versão impressa, para viabilizar a participação das editoras que ainda não dominam as novas tecnologias. Esse material será destinado aos alunos e professores do ensino médio da rede pública. (BRASIL, 2017).

É importante observar que, embora haja investimentos e incentivos para tornar o Brasil um país de leitores, essas ações não se têm mostrado suficientes nem eficazes, considerando que vivemos em um mundo globalizado em que a informação está ao alcance de todos.

2.3.1.4 Programas de avaliação

O fracasso da educação brasileira, em particular no que se refere à formação do cidadão para a leitura competente, revela-se nos processos de avaliação nacionais e internacionais realizados periodicamente. Embora as leis e os parâmetros curriculares sejam essenciais para o cumprimento dos direitos educacionais, eles não garantem o alcance satisfatório de todos os objetivos. Por isso, periodicamente, fazem-se necessárias avaliações que meçam o desempenho e o rendimento dos estudantes. Uma das formas de realizar essa avaliação é o Programa Internacional de Avaliação de Alunos (PISA), o qual busca informações sobre o nível de aprendizagem dos alunos da educação básica que, a partir dos resultados, indiquem ações que contribuam com os sistemas de ensino, estabelecendo metas para a melhoria do desempenho do alunado.

O PISA, realizado pela Organização para a Cooperação e Desenvolvimento Econômico (OCDE), tradução livre Organization for Economic Co-

-operation and Development, é coordenado no Brasil pelo Instituto Nacional de Ensino e Pesquisa Anísio Teixeira (INEP). Sua prova avalia, a cada ciclo, algumas competências, sendo três delas relacionadas ao domínio da leitura[4]: localizar e recuperar informação, integrar e interpretar e refletir e analisar. (BRASIL, 2019a).

Em 2018, esse programa avaliou cerca de 13 mil estudantes, conforme dados do portal do INEP, com foco na leitura. Essa avaliação foi aplicada a estudantes do 7º ano do Ensino Fundamental e os resultados revelaram insuficiência na capacidade leitora de metade do grupo de estudantes brasileiros avaliados, o que trará consequências nefastas ao futuro desses cidadãos. Conforme revelam informações do INEP:

> **Leitura** – Cerca de 50% dos brasileiros não atingiram o mínimo de proficiência que todos os jovens devem adquirir até o final do ensino médio. O Pisa 2018 revela que os estudantes brasileiros estão dois anos e meio abaixo dos países da OECD em relação ao nível de escolarização de proficiência em leitura. (BRASIL, 2019b).

Os problemas decorrentes da insuficiência da capacidade leitora dos alunos brasileiros, em comparação com aqueles que apresentam índices mais elevados de leitura revelados pelo PISA, são apontados pelo INEP nos seguintes termos:

> Esse resultado representa um grande obstáculo, dificultando ou até mesmo impedindo que estudantes avancem nos estudos, tenham melhores oportunidades

---

[4] Entende-se por domínio da leitura, ou "letramento em leitura", a capacidade dos estudantes de entenderem e usarem os textos escritos, além de serem capazes de refletir sobre a ação da leitura e desenvolver conhecimentos advindos do texto escrito.

> no mercado de trabalho e participem plenamente da sociedade. Na Finlândia, no Canadá e na Coreia, o índice é de 15%. O estudo mostra ainda que apenas 0,2% dos 10.961 alunos atingiu o nível máximo de proficiência em leitura no Brasil. (BRASIL, 2019b).

Além da avaliação da OECD, o Brasil conta com sistemas de avaliação nacionais. Basicamente, as provas, ou exames padronizados pelo governo brasileiro durante a educação básica eram: Prova Brasil, Sistema Nacional de Avaliação da Educação Básica (SAEB) e Avaliação Nacional da Alfabetização (ANA). Hoje, todas estão unificadas no SAEB.

2.3.2 Pesquisas de opinião sobre leitura no Brasil

As pesquisas de opinião sobre leitura são importantes ferramentas para que professores, especialistas, empresários e especialmente gestores criem estratégias e políticas públicas que favoreçam a ampliação do acesso aos livros e à leitura. Por meio delas, viabilizam-se possibilidades de contabilizar os dados sobre leitores no país e de conhecê-los melhor, além de assegurar que haja incentivo e direcionamento de um trabalho assertivo do ensino desde os anos iniciais.

A preocupação com a leitura se estende para além dos muros da escola. Podemos afirmar que é uma questão familiar, empresarial, municipal, estadual, nacional e até mundial. O trabalho de formar um país de leitores tem conduzido os segmentos escolar e social a se preocuparem com propostas e ações para tornar o ato de ler funcional e prazeroso. Como nos informa Failla (2016, p. 25):

> O conhecimento sobre o que deve ser feito está em muitos desses estudos e experiências que ajudamos a

> fundamentar, mas também em inúmeros outros estudos e práticas que acontecem pelo Brasil [...], mas ainda é pouco. O desafio é agregar o que já se produziu em conhecimento, ganhar escala e avançar para alimentar políticas públicas e programas, e orientar práticas efetivas pelo Brasil.

A seguir, apresentaremos algumas pesquisas de opinião realizadas nos últimos anos, as quais contribuem para a formação de um retrato do leitor brasileiro. Começaremos pela realizada em dezembro de 2018 pelo jornal *Estadão*, sobre os hábitos de leitura dos paulistas, a qual obteve os seguintes resultados: 3% não leram nos últimos três meses, justificando que o livro é caro; 1% afirmou não ter dinheiro para comprar livros; 2% apontaram a falta de uma biblioteca como motivo para não ler; 34% asseguraram não gostar de ler/não ter o hábito de ler; 32% não leem por falta de tempo; 9% não têm paciência para ler; 6% têm dificuldade para ler; 6% sentem-se cansados para ler; 5% preferem ler revistas e jornais; 1% não tem lugar apropriado para ler e 1% não sabe ler. (Cf. REIS, 2019).

Outra pesquisa de relevo sobre o comportamento dos leitores brasileiros e suas condições de leitura e de acesso ao livro, tanto impresso quanto digital, é a divulgada pelo Instituto Pró-Livro em 2016, na qual constam os principais resultados da quarta edição da pesquisa *Retratos do Brasil*. Nessa pesquisa – composta de quatorze aspectos, dentre eles o perfil do entrevistado, motivações e hábitos de leitura, barreiras enfrentadas para a leitura e leituras no meio digital –, foram entrevistadas 5.012 pessoas em abrangência nacional. (Cf. FAILLA, 2016).

De acordo com a pesquisa, gostar de ler é característico das crianças menores e, quanto mais alta a renda, maior a proporção dos que declaram que gostam muito de ler. A leitura de jornal é mais frequente que a de livros e, entre os livros, a *Bíblia* continua sendo a obra mais lida pelos brasileiros. Além disso, constatou-se o aumento da escolaridade média da população, o que significa redução no analfabetismo e aumento na expectativa de vida e na percepção da importância dos livros.

Sobre o acesso ao livro impresso, metade dos entrevistados indicou o empréstimo de livros de parentes ou de bibliotecas como principal meio de acesso e alguns informaram que compram livros em lojas físicas ou virtuais. Os dados mostram que 30% dos entrevistados nunca compraram livros e a instituição biblioteca foi, na maioria das vezes, bem avaliada pelo público frequentador.

A pesquisa mostrou ainda que 73% da população aprecia alguma forma de leitura, o que justifica sua importância. Portanto, o desafio a ser enfrentado é dar acesso a mais leitores e despertar o interesse pela leitura em uma geração acostumada com uma leitura fragmentada e até mesmo fluida, como a oferecida nos meios digitais, a qual vem ganhando espaço, talvez pela facilidade de armazenamento e transporte de seus conteúdos em equipamentos como o celular ou por meio das redes sociais, como Facebook, WhatsApp etc. Em geral, o leitor de livros digitais baixa os conteúdos gratuitamente da internet e os smartphones são os principais suportes utilizados para a leitura desse tipo de livro.

Pesquisa semelhante a do Instituto Pró-Livro, mas envolvendo países diversos, é a realizada pelo Centro Regional para o Fomento do Livro da América Latina e o Caribe (CERLALC) no intuito de conhecer os hábitos de leitura no México, no Chile, no Brasil, na Colômbia, em Portugal, na Espanha e no Peru. Conforme Jaramillo Hoyos, a intenção do CERLALC é de que:

> [...] este seja um trabalho sistemático e periódico, cujos resultados vão permitir ajustes necessários às mencionadas políticas públicas, bem como identificar pontos positivos e negativos, visar novas tendências, identificar novos protagonistas e papéis e, ainda, convocar todos os agentes que participam do mundo do livro e da leitura, para redefinirem seus modos de atuar. (JARAMILLO HOYOS, 2012, p. 1).

A pesquisa apresentada por Jaramillo Hoyos mostra que quase metade da população brasileira pode ser considerada "não leitora", seja por pouco interesse, por falta de tempo ou, na maioria das vezes, por má administração do tempo livre. Os livros continuam sendo os materiais de leitura favoritos e as livrarias ainda são os principais locais de compra de livros, sendo os lares os locais de preferência para leitura. Outro ponto é que a leitura em meios digitais vem crescendo, sobretudo a de livros, pois, a cada dia, aumentam a variedade, os formatos e os dispositivos digitais disponíveis.

Uma pesquisa exclusivamente dirigida à leitura nos meios digitais foi a realizada pelo Ibope, *online*, em 2013, na qual foram entrevistados 800 internautas da Cidade de São Paulo sobre seus hábitos culturais. Os resultados dessa pesquisa revelaram que 29% dos entrevistados faziam *downloads* de livros, 38% consultavam jornais e 29,1% consultavam revistas (EXAME, 2013), ou seja, em 2013, o uso dos meios digitais para leitura já estava avançando.

Indubitavelmente, as pesquisas realçam a importância do livro, mostram como ele se mantém na vida das pessoas e o quanto se precisa avançar até chegar à formação de um país de leitores. Revelam ainda que, mesmo com a indústria literária em crise financeira, o livro e o hábito de ler apresentam resiliência, firmando-se como fundamentais no desenvolvimento intelectual das pessoas, como ferramenta para sua evolução e, consequentemente, para o progresso do país.

2.4 A leitura no Estado de São Paulo

Antes de entrarmos na temática da leitura no Estado de São Paulo, é importante saber qual é a nossa clientela e, para isso, recorremos aos dados do Currículo Paulista de 2019. Segundo esse documento, o Estado atende a mais de sete milhões de alunos matriculados na Educação Básica, sem contar com aqueles matriculados na Educação de Jovens e Adultos e na Educação Profissional. O atendimento a esses alunos envolve as três redes escolares: estadual, municipal e particular, somando mais de cinco mil escolas, com mais de sete milhões de estudantes, distribuídos nas redes estadual, municipal e privada. (Cf. SÃO PAULO, 2019).

No Currículo Paulista, no item Competências Específicas de Língua Portuguesa para o Ensino Fundamental, estão explícitas as expectativas para o pleno desenvolvimento da leitura:

> Envolver-se em práticas de leitura literária que possibilitem o desenvolvimento do senso estético para fruição, valorizando a literatura e outras manifestações artístico-culturais como formas de acesso às dimensões lúdicas, de imaginário e encantamento, reconhecendo o potencial transformador e humanizador da experiência com a literatura. (SÃO PAULO, 2019).

Seguindo as orientações dos documentos oficiais, cada rede tem autonomia para planejar e adequar suas metodologias para atender ao alunado. Por se tratar de um Estado diversificado, suas escolas têm autonomia para elaborar e aplicar estratégias diferentes a fim de formar leitores e se dedicarem a projetos próprios que incentivem os alunos a manterem hábitos de leitura. Para tanto, os educadores dispõem de inúmeras bibliotecas distribuídas pelo Estado, com programações associadas a leitura e a saraus, entre outros eventos culturais.

Um estado que pretende formar leitores deve, antes de tudo, promover a criação de bibliotecas. Nessa linha, podemos citar o projeto “São Paulo: um Estado de leitores”, o qual tinha a intenção de expandir o número de bibliotecas no Estado, a exemplo do previsto no projeto “Uma biblioteca em cada município”, de 1996, de autoria do Ministério da Cultura.

> Em nível estadual, durante a gestão de Cláudia Costin como secretária da Cultura de São Paulo, foi lançado, em 2003, o projeto *São Paulo: um Estado de Leitores*. A proposta, ainda em execução, é semelhante ao que propôs o projeto *Uma biblioteca em cada Município*, pois objetiva a abertura de bibliotecas públicas em cidades do Estado onde elas não existissem. (MOZER, 2006, p. 122).

Além de projetos de incentivo à leitura como o mencionado no recorte transcrito, há outros não menos importantes, como as Salas de Leitura, as quais incentivam os alunos a manterem o hábito da leitura. Nelas, disponibilizam-se diversos materiais de leitura e outros de interesse cultural, articulando cada história a um projeto interdisciplinar. A Secretaria da Educação do Estado de São Paulo fornece as seguintes informações sobre essas salas:

> Presentes nas escolas, as Salas de Leitura fazem parte de uma série de ações desenvolvidas pela Educação para estimular esse hábito. Criada em 2009 para atender alunos do 6º ao 9º do Ensino Fundamental, Ensino Mé-

> dio e Educação de Jovens e Adultos, o projeto leva aos alunos, jornais, revistas, livros, catálogo, orientação para pesquisa, letramento informacional entre outros. (SÃO PAULO, 2014).
>
> [...]
>
> Livros, jornais, folhetos, catálogos, vídeos, DVDs, CDs, orientações para pesquisa e letramento informacional. É com toda essa gama de material que os alunos do 6º ao 9º ano do Ensino Fundamental, do Ensino Médio e da EJA (Educação para Jovens e Adultos) contam em um espaço pedagógico de trabalho interdisciplinar que incentiva a leitura e apoia o currículo escolar. (SÃO PAULO, 2017).

As salas de leitura possibilitam atualizações e adaptações por iniciativa dos agentes educacionais como, por exemplo, as salas virtuais criadas em algumas escolas, como a Escola Estadual MMDC[5], localizada na capital paulista, e a Escola Estadual Educador Pedro Cia[6], localizada no Município de Santo André. Na primeira escola destaca-se a Professora Roseli Almeida e, na segunda, a Professora Nilcéia Gualberto da Silva.

Iniciativas como as dessas professoras são excelentes ferramentas para as atividades de leitura, principalmente em situações nas quais o leitor seja impedido de frequentar bibliotecas ou até mesmo de ir à escola, como ocorre atualmente, quando a pandemia causada pela covid-19 torna esses espaços inacessíveis.

---

[5] Disponível em: https://www.educacao.sp.gov.br/sala-de-leitura-virtual-incentiva-alunos-de--escola-estadual-manterem-habito-da-leitura/. Acesso em: 05 Abr. 2023.

[6] Disponível em: https://eeepedrocia.com.br/sala-de-leitura/ Acesso em: 05 abr. 2023.

2.5 A leitura no Município de Santo André

O ato de ler é uma prática social pela qual o sujeito, ao efetuá-lo, mergulha no processo de produção de sentidos, interagindo melhor com aqueles que estão a sua volta. Afinal, "o impacto da leitura na existência do sujeito é, pois, mais real do que se imagina. Pode assumir formas menores, mas também formas extremas". (JOUVE, 2002, p. 129). Nessa linha, Santo André, por meio de sua Secretaria de Educação, desenvolve ações diversificadas visando à formação de leitores competentes.

No Município, área de nossa atuação e de inspiração de nossas pesquisas, o investimento na formação de leitores é uma ação inserida nos objetivos elencados pela Secretaria de Educação, a serem alcançados com apoio e trabalho conjunto das equipes gestoras das escolas e dos professores.

O Município conta com 51 EMEIEFs (Escola Municipal de Educação Infantil e Ensino Fundamental), 31 creches municipais, 18 creches municipalizadas, 11 Centros Públicos de Formação Profissional, a SABINA (Escola Parque do Conhecimento), um Parque Escola e um Centro de Formação Profissional. (SANTO ANDRÉ, 2013a).

Em todos esses estabelecimentos educacionais, principalmente nas escolas e nas creches municipais e municipalizadas, são implementados projetos de leitura pelos professores e pelas suas equipes gestoras, no intuito de proporcionar acesso à leitura e de incentivá-la com atividades que incluem, entre outras ações, leitura em voz alta realizada diariamente pelos professores, cantos de leitura e empréstimo de livros.

Além disso, o Município dispõe de diversas bibliotecas, as quais oferecem, além da consulta e do empréstimo de livros, múltiplas outras atividades culturais, como se observa no trecho que segue.

> A cidade de Santo André mantém dezesseis bibliotecas públicas: a Biblioteca Central Nair Lacerda, a Biblioteca Distrital Cecília Meirelles, dez bibliotecas ramais e quatro temáticas localizadas em diferentes bairros do município. Os espaços são atualmente destinados a pesquisas, empréstimos de livros e multimídia. Há também diversas atividades culturais como Encontro com Escritores, Despertar para a Leitura, além de palestras, oficinas de desenho e de contadores de histórias, entre outras. (SANTO ANDRÉ, 2013b).

Atualmente, somando-se todas as bibliotecas, o acervo do Município é composto de quase 220 mil itens. De acordo com informação oficial, "são mais de 219.650 mil itens, entre livros impressos, material multimídia (vídeos e audiolivros), com 25 mil *e-books* e artigos eletrônicos para *download* gratuito". (SANTO ANDRÉ, 2013b).

De acordo com o último censo do IBGE (BRASIL, 2019a), Santo André tem uma população de 676.407 pessoas e a taxa de escolarização da faixa etária de 6 a 14 anos é de 97,4%. O IDEB (Índice de Desenvolvimento do Ensino Básico) de 2017 do Município foi de 6,5, variando para mais ou para menos de acordo com a escola, ultrapassando, assim, a meta estabelecida para o ano, que era de 6,0. Entretanto, esse resultado não é considerado satisfatório, pois um número considerável de escolas ficou abaixo da meta, deixando às claras a defasagem e a dificuldade por parte dos alunos quanto ao desenvolvimento de uma leitura fluente em que exista assimilação e interpretação do que é ensinado.

O currículo educacional de Santo André apoia-se na Base Nacional Comum Curricular (BNCC) (BRASIL, 2016), com foco nos princípios norteadores de ação educativa quanto ao ensino de Língua Portuguesa como uma das áreas de linguagem dividida por eixos (práticas de linguagem), objetos de conhecimento e habilidades.

No quesito leitura, o documento curricular de Língua Portuguesa dos anos iniciais do Ensino Fundamental I explicita que a leitura é considerada um ato de grande importância para a aprendizagem, além de favorecer o aprendizado de conteúdo específico. Ela é também responsável por contribuir, de forma significativa, para a formação do indivíduo, influenciando-o a analisar a sociedade e seu dia a dia e, de modo particular, ampliar e diversificar visões e interpretações sobre o mundo.

Desse modo, a leitura em Santo André é trabalhada para orientar as práticas de linguagem a fim de incentivar a prática de leitura, conforme explícito na Base Nacional Comum Curricular:

> O Eixo Leitura compreende as práticas de linguagem que decorrem da interação ativa do leitor/ouvinte/espectador com os textos escritos, orais e multissemióticos e de sua interpretação, sendo exemplos as leituras para: fruição estética de textos e obras literárias; pesquisa e embasamento de trabalhos escolares e acadêmicos; realização de procedimentos; conhecimento, discussão e debate sobre temas sociais relevantes; sustentar a reivindicação de algo no contexto de atuação da vida pública; ter mais conhecimento que permita o desenvolvimento de projetos pessoais, dentre outras possibilidades. (BRASIL, 2016, p. 71).

No cotidiano escolar do Município, a leitura é vista como prática social e de estudo, tendo como práticas algumas das ações que favorecem a formação do leitor, como leitura de bons textos em voz alta pelos professores, cantinho de leitura em cada sala de aula para uso diário das crianças, horário para a leitura em voz alta pelos alunos e filmagem/gravação da leitura da criança para que ela mesma se avalie.

Nas escolas Municipais de Educação Infantil e Ensino Fundamental José Maria Sestílio Mattei e Professora Yvonne Zahir, as quais servem de base para nossa pesquisa, não existem bibliotecas, mas há salas com diversos livros, os quais fazem parte do acervo do PNLD Literário, à disposição do professorado. Para as crianças, há um canto organizado com livros em cada sala de aula para livre acesso enquanto estudam. Por falta de espaço, há quatro caixas com livros: uma para uso exclusivo das professoras e dos professores e três para as alunas e os alunos.

As ações no cotidiano das escolas têm contribuído para a qualificação do ensino da leitura, possibilitando a compreensão, na prática, das dificuldades para trilhar esse caminho, perceber as reais necessidades do alunado e oportunizar a criação de alternativas que atendam à realidade da escola, pois, conforme ensinam Cintra e Passarelli (2009, p. 38), "ensinar a ler é muito mais do que trabalhar a leitura em sua função básica, a informativa". Assim, programamos atividades diversas para dar acesso a livros e a materiais impressos e incentivar a leitura, como as registradas nas fotos do APÊNDICE F.

Retomando a questão central do nosso trabalho, que é relação aparentemente conflitante entre os alunos nativos digitais e os livros impressos, na próxima seção trataremos da desafiante formação do leitor na era digital.

3 A Formação de Leitores na Era Digital

A criança não pode chegar à internet sem passar pelo livro, porque a palavra gravada é que fica, que cria consciência, que localiza você no tempo e no espaço.

(Ziraldo)

3.1 A leitura na era digital

Os avanços na área tecnológica não param. A cada momento, tomam novo rumo e novas formas de interação, exigindo constantes reestruturações, como ocorre com a proposta de leitura no cotidiano escolar. As crianças nativas digitais, nascidas com habilidades para manusear aparelhos eletrônicos, crescem frente a desafios apresentados em telas, um universo fascinante para elas.

Lins e Silva (2015) ressalta o valor de mudar os velhos conceitos e inserir o computador e outros recursos digitais nas estratégias para o ensino, em especial para os estudantes nativos digitais, os quais têm necessidades diferenciadas, pois, mesmo sem saberem ler convencionalmente, já fazem uso das tecnologias:

> Ela é máquina das crianças, além de ser máquina que faz funcionar o mundo hoje. Suas imagens, ícones, sons e todas as funções que é capaz de realizar permitem que a criança obtenha informações, jogos e ouça histórias antes da alfabetização. O monitor dos instrumentos digitais é intuitivo, ou seja, a tela induz o entendimento dos passos que se deve ter para chegar onde se deseja. E os

> aplicativos desenvolvidos atualmente, cada vez em maior quantidade, oferecem muitas possibilidades de ampliação do desenvolvimento cognitivo. O computador representa um grande potencial para o desenvolvimento da inteligência das crianças. (LINS E SILVA, 2015, p. 32).

Ao retomarmos os questionamentos motivadores de nossa pesquisa, deparamo-nos com as possibilidades e os desafios que a escola de Ensino Fundamental I tem de enfrentar para a formação de leitores na era digital. Não é mais possível ignorar o impacto das tecnologias na vida moderna e sua importância como forma comunicativa. Portanto, cabe questionar a forma como a escola encara a nova demanda diante dos novos gêneros da mídia virtual, advindos do uso da leitura eletrônica, e transformá-la em ferramenta de ensino. Além do mais, é necessário entender o "letramento digital" como nova situação de "letramento cultural" e sua interferência nos hábitos de leitura. (Cf. MARCUSCHI; XAVIER, 2005).

Desde os primeiros anos da criança, o interesse por dispositivos eletrônicos é facilmente perceptível. Um bebê, por exemplo, com seu "radar" ligado em tudo o que está a sua volta, é conquistado logo cedo por aparelhos como celulares, *tablets* e outros. Essa familiaridade que se desenvolve e essa naturalidade no manuseio acabam tendo influência mais tarde no cotidiano escolar.

Com a introdução da tecnologia, o ensino da Língua Portuguesa passou a ter um novo perfil e, assim, faz-se necessário refletir sobre a ressignificação do papel da escola, da biblioteca, do professor e de todos os segmentos nessa nova sociedade para a sua qualificação no quesito leitura. O uso do computador trouxe funcionalidade e facilidade que se tornaram visíveis e acarretaram mudanças significativas em todos os segmentos.

O histórico do ensino e do incentivo à leitura apresenta desafios desde os seus primórdios e, à medida que surgem novos conhecimentos e novas tecnologias, novas exigências continuarão a se apresentar tanto à escola quanto aos professores. Segundo Crystal (2013, p. 103), "a internet nos proporcionou um meio linguístico novo, que oferece uma escala completamente nova de possibilidades de expressão, com dimensões inéditas de variação linguística e formas novas de enfocar o uso da língua". Percebe-se, então, a necessidade de um novo olhar para a maneira como a leitura poderá e deverá ser abordada na sala de aula.

Dado esse cenário, há vários estudos de diversas áreas do conhecimento – incluindo as ciências humanas, as ciências da Saúde e as Ciências exatas – relacionados à influência da tecnologia na vida e na aprendizagem das pessoas em geral. Destacamos aqueles voltados à formação de leitores nos anos iniciais do Ensino Fundamental, os considerados nativos digitais.

Os estudos do historiador francês contemporâneo Roger Chartier revelam as transformações, os conceitos e as ênfases em relação à leitura, bem como a influência dos dispositivos digitais na formação de novos leitores. Assim, ele se refere à situação do leitor diante da evolução da tecnologia nos seguintes termos:

> Com a revolução eletrônica, as possibilidades de participação do leitor, mas também os riscos de interpolação, tornam-se tais que se embaça a ideia de texto e também a ideia de autor. Como se o futuro fizesse ressurgir a incerteza que caracteriza a posição do autor durante a Antiguidade. (CHARTIER, 1999, p. 24).

Diferentemente da realidade física do ambiente escolar, os jovens percebem que, no espaço virtual, seus feitos são valorizados, pois, conforme a Pedagoga Ilana Santiago:

> [...] o que produzem na internet é lido, valorizado e comentado por pares em intervalos de tempo mínimos, independente da adequação à norma culta e aos erros cometidos. O interesse adolescente pela sexualidade, erotismo e relações afetuosas apaixonadas - temas geralmente restritos em ambientes como escola e família, têm encontrado acolhimento nas redes sociais e atravessa os discursos circulantes. Comunidades para a leitura e escrita de *fanfictions* e webnovelas são frequentadas diariamente por jovens que desejam ler e escrever sobre histórias de amor, enredos marcados por cargas de romance e sensualidade. Colocar seus ídolos como protagonistas para invenções autorais tórridas aparece como motivação para a escrita, que protegida pelas capas de invisibilidade digitais, inunda comunidades de perfis *fakes*. (SANTIAGO, 2010, p. 110).

O escritor e consultor educacional americano Marc Prensky ressalta a importância de remodelar a educação para atender às novas gerações, compreendendo que essas gerações apresentam interesses e necessidades diferentes na maneira de estudar e de aprender. Ele acredita que não adianta adotar as tecnologias e continuar a repetir as formas tradicionais e que não se pode desprezar os jogos digitais, pois eles proporcionam uma forma de aprendizagem prazerosa, em que a criança desenvolve habilidades necessárias para o futuro em relação ao trabalho. Dois motivos apresentados pelo autor para a utilização de jogos digitais no ensino são:

> (1) A aprendizagem baseada em jogos digitais está de acordo com as necessidades e estilos de aprendizagem da geração atual e das futuras gerações. (2) A aprendizagem baseada em jogos digitais é incrivelmente versátil, possível de ser adaptada a quase todas as disciplinas, informações ou habilidades a serem aprendidas e, quando usada de forma correta, é extremamente eficaz. (PRENSKY, 2012, p. 23)

A influência da tecnologia no aprendizado nos anos iniciais é foco de estudo para a neurocientista e pesquisadora de leitura Maryanne Wolf, da Universidade da Califórnia, defensora de crianças e do letramento ao redor do mundo. Em suas palavras:

> O ler não é nem natural, nem inato, mas sim uma invenção não natural e cultural, que oferece um conjunto de habilidades capaz de modificar os nossos cérebros, acelerar o desenvolvimento humano, para melhor ou para pior. Uma atividade complexa que envolve intervenções corticais, com implicações significativas e ao mesmo tempo difíceis no fato que a leitura não tem conexões fixas como a linguagem tem. (WOLF, 2019, p. 31).

Embora a autora não utilize o "termo nativos digitais", as características apresentadas assemelham-se às dessa geração, que vem ocupando espaço e criando um ambiente diferenciado e demonstrando, desde o nascimento, interesse pelos recursos tecnológicos. Esse aspecto oferece preocupação, tendo em vista que alguns pais usam recursos tecnológicos como "babás" ao entregarem dispositivos digitais às crianças para elas ficarem quietas.

Para a autora, o processo de aquisição da leitura requer um conjunto de habilidades desenvolvidas durante toda a existência humana. Ele provoca a ativação de uma infinidade de neurônios envolvendo a transmissão de sinais que cruzam múltiplas regiões e as cinco camadas do cérebro. Com o uso dos recursos tecnológicos, os hábitos de leitura mudaram e a atenção também sofreu influência, gerando hiperatenção, fraca capacidade de sustentar a atenção ou, em outras palavras, desatenção.

Alguns aspectos relacionados à leitura digital que merecem atenção, apontados por Wolf (2019) são:

> "A materialidade do livro proporciona algo que é tangível, tanto do ponto de vista psicológico quanto tátil". (p. 97).
>
> "Existem estimativas sombrias indicando que o tempo médio de memória de muitos alunos diminuiu em mais de 50% na última década". (p. 99).
>
> "Tudo aquilo que se refere à leitura está conectado: o leitor, o autor, o editor, o livro; em outras palavras, o presente e o futuro da leitura. Ao longo do tempo, os efeitos das mudanças de comportamento no modo como lemos influenciam inevitavelmente o que lemos e como isso é escrito". (p. 100).
>
> "A qualidade da escrita e da leitura pode estar ameaçada – acreditam que com 140 caracteres é suficiente para expressar seus pensamentos. A simplificação pode tornar a leitura de um livro uma grande dificuldade". (p. 108).
>
> "Os estudantes se tornaram cada vez mais impacientes com o tempo exigido para compreender a estrutu-

> ra de sentenças mais difíceis em textos. Automaticamente, a escrita dos estudantes está se deteriorando". (p. 110).
>
> "Em um projeto destinado a rastrear o uso das citações por estudantes, a maioria delas se referia ou à primeira página da fonte citada ou às três últimas". (p. 110).
>
> Sobre as *fake News*: "as pessoas estão definitivamente mais conformadas... ninguém checa mais nada". (p. 112).

A crítica literária pós-moderna Katherine Hayles tem contribuído com estudos sobre os campos da literatura e das ciências, as inter-relações entre o homem e a máquina e as formas de leitura na tela. Desse modo, termos associados à leitura digital, como hiperliteratura, hiperteoria e ciberliteratura são encontrados em seus textos. Ela acredita que muitos outros termos surgirão na tentativa de criar um vocabulário crítico para o estudo da literatura em ambiente eletrônico.

Uma expressão referente à literatura no ciberespaço citada por Hayles é "literatura ergódica", termo cunhado por Espen J. Aarseth em 1997, presente no livro *Cybertext:* perspectives on ergodic literature. A autora explica que a expressão é bastante usada nos estudos que estabelecem um paralelo entre literatura e jogos de computador, principalmente naqueles onde a jogabilidade é determinada por um processo narrativo.

Pelo visto até aqui, podemos afirmar que a leitura pela hipermídia pode tornar o momento prazeroso, sem o compromisso de uma leitura linear. Essa dimensão nos direciona para a complexidade do ato de ler, que não se resume apenas ao codificar e ao decodificar, mas também a questões associadas à própria condição humana e a seu relacionamento com as tecnologias.

3.2 Colonizadores digitais e imigrantes digitais

Os colonizadores e os imigrantes nasceram antes dos anos 1980, ou seja, em um mundo analógico com pouco ou nenhum acesso à tecnologia. A diferença entre uns e outros está no fato de que os primeiros, apesar de terem nascido antes da era digital, contribuíram para a sua existência, participando do desenvolvimento tecnológico, sendo muitos deles desenvolvedores de sistemas sem os quais a nova geração ainda estaria caminhando a passos lentos rumo ao universo digital. Podemos citar, como colonizadores mais conhecidos, Bill Gates (nascido em 1955) e Paul Allen (nascido em 1953), fundadores da Microsoft, e Larry Page e Sergey Brin (nascidos em 1973), fundadores do Google.

Os segundos, os imigrantes digitais, fazem parte da mesma geração dos colonizadores, porém, não contribuíram para a evolução da tecnologia digital, constituindo-se apenas como usuários de seus benefícios, como e-mails e redes sociais.

Prensky (2001) nomeia os não nativos digitais como "imigrantes digitais" e justifica que eles são pessoas que usam os computadores, contudo com um grau de dificuldade visível. São aqueles que não nasceram no mundo digital, mas que, por necessidade, em algum momento da vida, cederam ao seu uso e descobriram suas facilidades, tornando-se fascinados por sua praticidade.

> São os não nativos do ambiente digital, pois cresceram em um mundo apenas analógico, mas que também estão *online* e fazendo uso eficiente das tecnologias, mas apoiando-se muitas vezes nas formas tradicionais e analógicas de interação. Diferentemente dos Imigrantes

> Digitais, que aprendem tarde na vida a mandar e-mails e fazer uso das redes sociais como o antigo Orkut, Facebook. (SILVA, 2013).

Palfrey e Gasser (2011), por sua vez, conceituam os colonizadores imigrantes digitais como pessoas mais velhas, crescidas em um tempo analógico, que foram contribuindo para a evolução tecnológica. Essas pessoas nasceram em outro meio, não dominado pelas tecnologias digitais com forma de aprendizado diferenciado, muito diferente dos nativos digitais, que já nasceram conectados com o mundo. Conforme os autores, localizamos os imigrantes digitais entre os pais e os professores que se esforçam em aprender a lidar com esses novos desafios impostos pela transformação da era digital, que ordena aproximação e apropriação das tecnologias do mundo virtual para o exercício de suas responsabilidades.

Para a maioria dos imigrantes digitais, as dificuldades de aprender a utilizar os recursos tecnológicos equivalem àquelas que teriam para aprender uma segunda língua, como impaciência, insegurança, receios de serem expostos, tudo isso inerente à idade. Esse paralelo concorda com a afirmação de Bertelli (2012) de que, "quanto mais velha a pessoa começa a aprender uma língua estrangeira, maior a dificuldade de pronunciar os sons dessa língua, e maior a quantidade de erros no emprego das palavras".

Vale observar que o simples fato de pertencer ao grupo dos imigrantes digitais não é garantia de ter menos domínio da tecnologia que os pertencentes ao grupo dos nativos, pois "há nativos digitais que não são exímios nas tecnologias e há imigrantes digitais que se apropriaram adequadamente do uso dos recursos digitais, apresentando habilidades e destrezas incomuns para a sua geração". (Cf. GENTE, 2019).

3.3 Nativos digitais

O termo nativo digital foi cunhado pelo norte-americano Marc Prensky para classificar os estudantes nascidos depois de 1980:

> Como devemos chamar esses "novos" alunos de hoje? Alguns se referem a eles como N- [para Net]-gen ou D-[para digital]-gen. Mas a designação mais útil que encontrei para eles é nativos digitais. Nossos estudantes de hoje são todos "falantes nativos" da linguagem digital de computadores, videogames e internet. (PRENSKY, 2001, p. 1, tradução nossa).

Para esse pesquisador, os jovens estão naturalmente habituados a buscar informações e distrações por meio do computador e entendem a tecnologia digital como uma linguagem normal, como parte de suas vidas. Suas habilidades tecnológicas invertem os papéis e são eles que passam a colaborar com os mais velhos na resolução de problemas e na utilização de recursos digitais.

De acordo com Palfrey e Gasser (2011), é de fundamental importância conhecer a geração de alunos que faz parte dessa sociedade voltada para a tecnologia, que aprecia o uso de computadores, de celulares, de videogames, de internet etc. e que apresenta outras necessidades educacionais envolvendo a tecnologia, a qual tende a projetar nova relação no processo pedagógico entre o professor e o aluno na sala de aula.

Na intenção de facilitar o entendimento da classificação das gerações digitais, apresentamos o quadro a seguir.

Quadro 1 – Gerações digitais: dos construtores à geração alfa

Grupos	Gerações	Período	Características
Colonizadores digitais/ Imigrantes digitais	Constru-tores	1925-1945	Geração nascida no período da Segunda Guerra Mundial. São os pais da geração *Baby Boomers*. Observadores digitais.
	Baby Boo-mers	1946-1964	Geração pós-Segunda Guerra Mundial. Transatores digitais.
	Geração X	1965-1979	Geração rotulada como *baby buster*, *post boomers*. Transatores digitais.
Nativos Digitais	Geração Y ou Mille-nials	1980-1994	Geração da Federação, os pais dos cons-trutores. Integradores digitais.
	Geração Z	1995-2009	Geração mais tecnologicamente dotada que as anteriores. Tendo usado a tec-nologia desde a tenra idade, a integrara perfeitamente a quase todas as áreas de seu cotidiano. Integradores digitais.
	Geração Alfa	2010-2024	Geração nascida em um mundo globa-lizado, conectado em redes. Desfruta da tecnologia diariamente.
	Geração Beta	2020-2034	Próxima Geração com base na ordem do alfabeto grego, para os nascidos a partir de 2020.

Fonte: A autora, com base em McCrindle (2018).

Nesse contexto, as crianças nascidas no século XXI, que estão frequentando a Educação Básica no Fundamental I, constituem a geração alfa, sucessora da geração Z. Em uma entrevista para o jornal *New York Times*, McCrindle (2015) informa que a decisão de nomear essa geração com base no alfabeto grego prende-se ao fato de que não faria sentido nomear essa geração com base no alfabeto latino, pois, após a letra Z, teria de voltar à letra A, sugerindo uma volta de algo novo ao antigo.

De acordo com o autor, os alfas constituem a geração mais formalmente educada de todos os tempos. Em suas palavras:

> A geração alfa faz parte de um experimento global não intencional, no qual telas são colocadas à sua frente desde a mais tenra idade, da mesma forma que chupetas, animadores e material didático. Eles começaram a nascer em 2010, quando o iPad foi lançado, o Instagram foi criado e "app" foi a palavra do ano. Por isso, foram criados como "roteiristas" em maior extensão do que as telas fixas do passado poderiam facilitar. (McCRINDLE, 2015, tradução nossa).

O autor observa que essa geração atingirá a maturidade física, social, psicológica, educacional e comercial mais cedo, permanecerá mais tempo nos estudos e na casa dos pais e que a mesa da escola onde ela aprende transformará a forma como exercerá suas atividades no futuro.

Classificar as gerações que antecedem os nativos digitais como colonizadores digitais e imigrantes digitais não significa que todas as pessoas desse grupo tenham exatamente as mesmas competências na área. Sempre há exceções e, mesmo entre os nativos, há alguns que não têm habilidade no uso dos recursos digitais, assim como entre os colonizadores e os imigrantes digitais, existem pessoas que desenvolveram habilidades que se assemelham às dos nativos digitais.

No Ensino Fundamental, os docentes encaixam-se nas gerações Z e *baby boomer* e incluem-se, portanto, na classificação de nativos e de imigrantes digitais. Os discentes, ao contrário, enquadram-se na geração alfa[1],ou seja, pertencem ao grupo dos nativos digitais. As diferenças entre os dois grupos são resumidas no quadro a seguir.

Quadro 2 – Nativos digitais x imigrantes digitais

Nativos	Imigrantes
Informam-se e aprendem por meio da televisão, da internet, de games e de outros recursos tecnológicos.	Informam-se principalmente por livros impressos e pesquisas em fontes confiáveis.
São atraídos pelos recursos visuais para despertar o interesse e a curiosidade para ler e aprender.	O recurso de textos impressos é a principal fonte de pesquisa para leitura e aprendizagem.
Compreendem a linguagem "internetês" e fazem uso de recursos como emoticons e palavras abreviadas, entre outros.	Estão se adequando à nova linguagem da internet, diferente da forma de comunicação escrita.
Apresentam raciocínio rápido em relação ao uso dos recursos tecnológicos.	Apresentam raciocínio lento em relação ao uso dos recursos tecnológicos. É comum solicitarem ajuda de crianças para resolverem problemas como ligar e desligar equipamentos, explorar programas etc.
Não demonstram medo de errar, aprendem na tentativa e no erro. Arriscar faz parte de um desafio para descobrir novas possibilidades.	Adotam métodos e fórmulas para dominar os recursos tecnológicos. Não são adeptos à técnica de tentativa e erro e desistem com facilidade.

[1] Não consideramos, nesse contexto, os alunos da EJA, os quais podem incluirse em gerações anteriores.

Nativos	Imigrantes
Apropriam-se de multitarefas sem medo de errar ou de se atrapalhar.	Preferem realizar uma coisa por vez. Não se sentem confortáveis em se aventurar em multitarefas.
Colocam a prática em primeiro lugar.	Colocam a teoria antes da prática.
São adeptos do aprendizado colaborativo.	São adeptos do aprendizado individual.
Destacam-se pela habilidade e desenvoltura em acompanhar a evolução tecnológica e seus recursos.	Apresentam dificuldade em acompanhar a evolução apresentada pela tecnologia e seus recursos.
São bem "letrados" digitalmente.	Necessitam incrementar o letramento digital.

Fonte: A autora, com base em Prensky (2001), Palfrey e Gasser (2011) e Koo (2011).

Conforme exposto no quadro, fica explícito que os estudantes nativos digitais apresentam competência para realizar diversas atividades simultaneamente, de receber informações de maneira rápida e de diferentes fontes. Aprendem por outros meios como jogos, imagens e sons e não se amedrontam diante dos desafios proporcionados pelos recursos tecnológicos. Igualmente, não se apegam a detalhes e interagem com várias pessoas ao mesmo tempo em que estão jogando ou digitando, ouvindo música ou assistindo a filmes.

Os professores imigrantes digitais, por seu turno, apegamse a informações em fontes confiáveis, como enciclopédias e artigos acadêmicos, estabelecendo critérios para absorver o máximo dos detalhes para fundamentar a leitura. Nem sempre têm habilidade de realizar tarefas múltiplas, como ler e jogar ao mesmo tempo, ouvir músicas e teclar com alguém. Além disso, sentemse mais seguros ao seguirem roteiros e não se aventuram em improvisações.

A leitura envolve a criação de novas expectativas e possibilidades de compreender o mundo permeado de informações instantâneas na era conhecida como digital, na qual, com um clique, o leitor tem a possibilidade de explorar mundos distantes, de pesquisar e de conhecer universos até então desconhecidos, sob a forma de leitura líquida, com *hiperlinks* e janelas que transcendem as informações solicitadas.

A Revolução da Microeletrônica possibilitou que a internet, a partir dos anos 1990, integrasse o dia a dia das pessoas em um mundo globalizado. Aliada ao computador, essa tecnologia introduziu perspectivas até então inimagináveis quanto às possibilidades de acesso à informação e a sua difusão, superando largamente a descoberta da imprensa no século XV.

Acompanhado dos inegáveis benefícios e opções, o uso das novas tecnologias trouxe uma certa medida de inquietação e desconforto aos educadores imigrantes digitais. Isso, talvez, devido à utilização desses recursos pelo alunado durante o horário de aula ser encarado como desrespeito a sua autoridade, pela limitação ao acesso da tecnologia em razão das desigualdades sociais e até mesmo por conta de uma suposta concorrência pelo lugar do educador, até então tido como sagrado. Entretanto, como afirma Figueiredo:

> A tecnologia não está acabando com a leitura, ela está acabando com leitores enquanto os conhecemos. Seu perfil pode apenas estar mudando, o que não é bom nem ruim. O fato é que muitos leitores ativos, novos ou experientes, têm dedicado cada vez mais tempo ao celular e a eletrônicos em geral. Isto é um fato que não podemos negar. Como a experiência nos ensina, não podemos es-

> tar em dois lugares ao mesmo tempo. (FIGUEIREDO, 2016).

Sem dúvida, os imigrantes digitais e os nativos ocupando o mesmo espaço, o escolar, precisa passar por muitas adequações a fim de transpor as barreiras que se apresentam. A seguir, algumas informações a respeito desses dois grupos de usuários das tecnologias digitais.

4 O Ensino de Leitura no Município de Santo André

Se a criança desde cedo fosse posta em contato com obras-primas é possível que sua formação se processasse de modo mais perfeito.
(Cecília Meireles)

Nesta seção, trataremos do ensino de leitura no Ensino Fundamental no Município de Santo André. Como vimos na seção anterior, ensinar leitura atualmente não significa pensar somente no suporte físico, como papel e outros; há de se lembrar, também, do suporte digital. Por isso, traremos um histórico da inclusão digital das escolas do Município.

4.1 A inclusão digital nas escolas de Santo André

Com a chegada da era digital, configurou-se uma nova forma de ler e de aprender, o que exigiu uma adequação também no ensinar e no conviver no espaço escolar. Assim, procuramos descobrir como houve a inclusão digital das escolas do Município de Santo André. De início, constatamos a inexistência de informações oficiais que mostrassem um histórico dessa inclusão. Diante dessa dificuldade, recorremos à ajuda de profissionais que haviam trabalhado com tecnologia em administrações anteriores, como a Professora Jamile Alabi, a qual atuou como Coordenadora de Inclusão nos períodos de 2000 a 2008 e de 2013 a 2016, participando da formulação e da implantação do projeto de informatização das escolas da rede municipal andreense.

Conforme seu relato, a história da tecnologia em Santo André teve início em 1997, com a implantação, via Secretaria de Modernização, de computadores nas áreas administrativas da Prefeitura. Na época, não havia planos para informatização das escolas. Entretanto, com o término da instalação dos computadores nas diversas secretarias, sobraram 24 unidades que, por não terem destino previsto, foram ofertados a algumas escolas municipais.

O processo, que a princípio parecia simples, tornou-se complexo devido à rejeição de gestores escolares, que viam a possibilidade de um laboratório de informática na escola como um desafio impossível de conciliar com as atividades pedagógicas. Diante dessa negação inicial, foi necessário procurar aqueles que estivessem dispostos a aceitar a instalação dessas máquinas em suas unidades escolares.

A Diretora da EMEIEF Vila Linda (atual Reverendo Oscar Chaves), Ednéia Burger, a Diretora da EMEIEF Vila Palmares (atual Professora Sônia Aparecida Marques), Adriana Reis e a Diretora da EMEIEF Vila Alvorada (atual Luiz Sacilotto), Sonia Lino, aceitaram a proposta. O ato dessas diretoras não agradou aos que estariam envolvidos no processo, pois havia dúvidas, insegurança e até medo de as escolas possuírem um patrimônio tão valioso em regiões da periferia. Apesar dos desafios iniciais e da quantidade reduzida de equipamentos, apenas oito máquinas por laboratório, seu uso foi muito positivo, criando expectativas quanto a possíveis trabalhos com a tecnologia, o que estimulou a Secretaria de Educação a adquirir mais computadores para que outras escolas tivessem seus laboratórios de informática.

Com a instalação das máquinas, surgiu a necessidade de planos para o seu uso. Então, foi decidido que os equipamentos seriam destinados a crianças na fase de alfabetização e a jovens e adultos que estudavam na EJA (Educação de Jovens e Adultos). Nessa perspectiva, foi constituído o projeto "Laboratórios Pedagógicos de Informática".

Como não havia programas específicos para educação digital disponíveis, foram adotados o programa aberto Clic 3.0 e o pacote Office, da Microsoft, os quais foram adaptados como ferramentas pedagógicas e não para cursos de informática. O Clic 3.0, desenvolvido e utilizado na Catalunha, uma comunidade autônoma da Espanha, foi escolhido por ser gratuito e pelo fato de ser um software aberto, o que possibilitaria a produção de atividades de acordo com os assuntos desenvolvidos nas escolas de Santo André, trazendo contribuições educativas e de inclusão digital às crianças.

No que diz respeito ao uso dos computadores, as dificuldades eram as mais variadas, desde não saber como ligar a máquina a não ter habilidade para acessar os programas. Por isso, o professorado passou por treinamentos específicos para aprender a lidar com os computadores e com os *softwares*. A experiência foi marcada por diferentes e inusitadas condutas por parte dos usuários: alguns, apreciando a oportunidade; outros, a rejeitando e se recusando a aceitar a inserção dos computadores no seu cotidiano.

Com o passar do tempo, a necessidade de adequação e de inclusão digital nas escolas ficou patente. Assim, em 2000, a Secretaria de Educação investiu na compra de novos softwares educacionais, como o *Kid Pix,* um programa de desenho destinado a crianças; *As aventuras dos Zoombines,* jogo de desafio e de estratégias para crianças; *Almanaque Abril,* uma enciclopédia publicada pela Editora Abril; e CD-ROM[1] de Ciências *Descobrindo o Corpo Humano.*

Em 2002, teve início o Projeto N@ Escola, com a abertura dos Laboratórios Pedagógicos para a população em geral nos horários em que não havia

[1] Sigla de "Read Only Memory".

atividades para os alunos. Isso ocorria no final da tarde, horário em que pessoas da comunidade pegavam senhas para usarem o laboratório, demonstrando curiosidade e anseio em conhecer os computadores e usá-los.

Em 2005, foi instalada *internet* nos laboratórios pedagógicos de informática das escolas, um marco na evolução e nas oportunidades a serem oferecidas ao alunado. Com essas conquistas na organização e no uso dos laboratórios, gradualmente as escolas foram adotando práticas para se inserirem cada vez mais no ambiente digital. Dessa forma, em 2006, 42 escolas municipais já contavam com laboratórios pedagógicos de informática.

No ano de 2007, a equipe de Coordenadores de Informática de Santo André participou da AICE (Associação Internacional de Cidades Educadoras) para compartilhar suas experiências no uso do computador como recurso de ação pedagógica. Na ocasião, quando se completavam nove anos da instalação dos primeiros computadores nas escolas andreenses, 100% das escolas já contavam com laboratórios de informática (44 EMEIEF e 21 creches).

No intuito de proporcionar maior inserção no universo digital e ampliar as possibilidades de uso da tecnologia como recurso pedagógico, em 2011 foi implantada a rede de fibra ótica nas escolas, proporcionando melhorias significativas no acesso à internet. Desse modo, com uma internet mais veloz e de qualidade, surgiram novas propostas, entre elas, em 2012, a parceria com a Khan Academy[2], como projeto experimental em seis escolas, gerando oportunidade para aprender conceitos matemáticos por meio de desafios digitais.

No início de 2013, iniciou-se o trabalho dos Monitores de Inclusão Digital (MID) nos laboratórios das escolas, tornando possível ampliar a utiliza-

[2] Organização não governamental norte-americana destinada à promoção de educação gratuita. Disponível em: https://www.khanacademy.org/. Acesso em: 10 jul. 2020.

ção do projeto Khan Academy para todas as unidades escolares. Nesse ano, foi adquirido o software *O mistério dos sonhos*, projeto piloto da Xmile Learning[3], com foco nos alunos em fase de alfabetização inicial, mais precisamente os de 1º, 2º e 3º anos.

A última novidade foi a inclusão de uma nova modalidade nos jogos escolares em 2020, em que as escolas municipais participariam, pela primeira vez, dos jogos escolares na modalidade denominada esportes eletrônicos, também conhecidos como *eSports*. Infelizmente, essa atividade foi suspensa temporariamente devido à pandemia da covid-19.

Apresentado esse panorama sobre a inclusão digital das escolas municipais andreenses, passaremos às entrevistas que realizamos com o alunado, seus responsáveis e o professorado.

4.2 Entrevistas

A pesquisa foi desenvolvida em três etapas. Na primeira, selecionamos uma turma composta de 20 alunos do 2º ano da Escola Municipal José Maria Sestílio Mattei e aplicamos um questionário composto de seis perguntas sobre o uso do laboratório de informática, para conhecermos a percepção dessas crianças sobre a dinâmica de utilização do laboratório como recurso pedagógico. O laboratório dispõe de 16 computadores com acesso à internet, jogos, quizzes etc., os quais são usados em dupla pelas crianças, com atendimento de um Monitor de Inclusão Digital para assessorar nas questões técnicas.

Na segunda etapa, as crianças, munidas de um questionário, entrevistaram 46 responsáveis por elas e por seus colegas, com a finalidade de identificar a relação dos familiares com a leitura.

---

[3] Empresa brasileira que oferece jogos educativos para o Ensino Fundamental. Disponível em: http://www.xmile.com.br/index.php. Acesso em: 10 jul. 2020.

Na terceira etapa, foi aplicado um questionário no formato digital (*Google forms*) a 26 professores de três escolas estabelecidas no Município, no intuito de conhecer principalmente as estratégias utilizadas pelo professorado em suas aulas de leitura e sua relação com os livros impressos e digitais.

4.2.1 Pesquisa com o alunado

O questionário respondido pelas crianças, um formulário impresso em papel sulfite, foi aplicado no horário em que as crianças estavam na escola, após a merenda. Os alunos foram organizados aleatoriamente em duplas e responderam às seguintes questões:

1. Na sua escola tem laboratório de informática?
2. O que geralmente você faz na sua aula de informática?
3. Escreva os jogos que mais gosta de jogar na escola.
4. Tem algum jogo que na sua opinião contribui para seu aprendizado escolar?
5. Você lê muito na tela de computador?
6. Onde considera mais prático ler?

Após a aplicação do questionário, recolhemos os formulários, fizemos sua leitura e tabulamos os dados para facilitar a compreensão dos dados expostos, conforme segue.

- Na sua escola tem laboratório de informática?

Os dez pares responderam que a escola tinha laboratório de informática. Essa pergunta pode parecer de resposta óbvia, porém, sabendo-se a idade dos entrevistados e a sua participação como protagonistas no processo de aprendizagem, fizemos esse questionamento visando analisar sua familiaridade com os espaços da escola e descobrir a forma como nomeiam alguns espaços, supondo que poderiam relacionar o laboratório a uma simples sala de diversão.

Possuir um laboratório e ter acesso a ele pode ser "oportunidade para discussão e contribuições em relação à aprendizagem baseada em jogos digitais". (PRENSKY, 2001, p. 27). Tal disponibilidade é essencial, pois, conforme Chartier (1999, p. 146), "busca-se uma liberdade nova que mistura os papéis e permite aos autores tornarem-se seu próprio editor e seu próprio distribuidor".

- O que geralmente você faz na sua aula de informática?
  - Pesquisar, jogar.
  - A gente joga muitos jogos.
  - Jogar os jogos.
  - Eu fico jogando.
  - Jogo de carro.
  - Jogos.
  - Eu leio jogo.

O laboratório de informática, de acordo com as crianças, é utilizado para pesquisar, jogar e ler jogos. Isso vai ao encontro do que preceitua Prensky (2001, p. 36): "acrescentar diversão ao processo não apenas fará com que a aprendizagem se torne mais agradável e envolvente, mas também os tornará muito mais eficazes".

- Escreva quais os jogos que mais gosta de jogar na escola.
  - Jogo jogos.
  - Corrida.
  - Friv, Ariê 3, Tux paint, Tangram, Gcompris.
  - Jogo de pintar, jogos de lutar, mortal Kombat, tiro,
  - Jogo da Frozen, do bebê, da Moana, jogo de pintar a unha, jogo dos minions.

- Jogo de sorvete, de moto.
- Jogos de carro, de moto, de futebol e de pintar.
- Jogo de casinha, Friv, Ariê 3, The right.
- Ariê 3 – Atalho.
- Confeitaria, maquiagem, comida, X colorido.
- Futebol, corridas, carros, gatinhos, bebê.
- O dinossauro lutador, skatista; jogo de escolinha.
- Celular, princesa, Monster High.
- Hóquei, bebê.
- Jogos de castelo, Picolé e bola.

Muitos jogos são utilizados pela turma, como Friv, Ariê, Tux paint, Frozen, Monster High etc. Conforme explicita Prensky (2012), "com o surgimento dos computadores, a aprendizagem baseada em jogos, cujas raízes não tecnológicas estão fincadas bem no passado, tornou-se a onda de aprendizagem do futuro". Assim, por meio de jogos eletrônicos, é possível harmonizar o aprender com prazer e descoberta.

- Tem algum jogo que, na sua opinião, contribui para seu aprendizado?

As respostas indicam que, mesmo as crianças menores, na faixa dos 7 anos, percebem que há jogos e brincadeiras educativas no computador. Para exemplificar, indicam o jogo *Ariê*, disponível no laboratório pedagógico de informática, nas versões 1, 2 e 3. Na primeira versão, o leãozinho *Ariê* convida as crianças a participarem de jogos de colorir, de memória, das frutas e um jogo do caminho. Na segunda, há propostas como o jogo do elevador, para a criança aprender a formar palavras; o jogo das bolhas, em que um elefante solta bolhas de sabão com letras no estilo de caça-palavras; e o jogo dos biscoitos, que apresenta noções de matemática, como somar e subtrair. Na terceira, um dos jogos consiste em desenterrar alguns objetos da areia e encontrar o nome em um caça-palavras, usando sílabas, para atravessar uma ponte ou ajudar uma joaninha a encontrar letras em um labirinto, por exemplo.

Atividades como essas contribuem para o ensino da escrita e da leitura de maneira lúdica e divertida. Incentivar e promover atividade *online* pode ser um caminho para complementar as atividades impressas. "Assim, a criança aprenderia que cada meio, como cada língua, tem suas próprias regras e características úteis, que inclui as melhores aplicações, andamento e ritmos." (WOLF, 2019, p. 201).

- Você lê muito na tela de computador?

Essa questão foi elaborada para saber se as crianças adeptas ao uso dos recursos digitais fazem leituras utilizando tais meios. Seis responderam afirmativamente, uma respondeu negativamente e três apontaram que às vezes leem na tela do computador. As respostas causam estranhamento, visto que as mesmas crianças afirmam que fazem uso dos jogos para aprender. Ao utilizar qualquer jogo, provavelmente existe a necessidade de ler os comandos para ser bem-sucedido. Assim, as respostas nos induzem a imaginar que as crianças consideram leitura apenas os textos mais longos ou impressos e os recursos digitais sejam vistos como um simples recurso de diversão. Neste sentido, Wolf (2019, p. 213) enfatiza que, "se queremos modelar para todas as nossas crianças um cérebro capaz de alternar entre códigos, precisamos imaginar como lidaremos com a sempre lembrada lacuna nos resultados e com a lacuna, menos discutida, da cultura digital".

- Onde considera mais prático ler?

O suporte de leitura mais utilizado pelas crianças é o livro, já que apenas uma criança afirma ler na tela do celular e outra na tela do computador. As respostas revelam que os alunos, em alguns momentos, reconhecem a possibilidade do uso das tecnologias como meio para aprender, pois citam a leitura, os jogos, o acesso a livros e as possibilidades de escrita. No entanto, quando se trata diretamente da leitura, o livro surge como o principal suporte.

Nesse contexto, precisamos atentar para o fato de que as "tecnologias e os materiais didáticos digitais em sala de aula marcam a inclusão definitiva e necessária da escola no contexto tecnológico intrínseco à sociedade contemporânea". (AZZARI; LOPES, 2013, p. 193).

4.2.2 Pesquisa com os responsáveis

Em uma reunião na qual se discutia o projeto "Biblioteca Circulante"[4], 46 responsáveis pelas crianças responderam a um questionário aplicado pelas próprias crianças, coautoras do projeto coletivo da escola. A colaboração das crianças é uma prática produtiva considerando-se que, quando existe uma finalidade para ler e escrever a atividade faz sentido, os professores, junto com as crianças, elaboraram questões com a intenção de investigar a participação da família no processo de incentivo à sua formação de leitores.

As questões apresentadas aos responsáveis foram:

1. Você já levou seu/sua filho(a) à biblioteca?
2. Com que frequência costuma ir à biblioteca?
3. Na sua casa tem livros?
4. Você considera importante ler para seu/sua filho(a)?
5. Como você avalia o projeto "Empréstimo de livros organizado pela escola?"

[4] O projeto denominado "Biblioteca Circulante" dá oportunidade à criança de escolher livros de sua preferência para ler em casa com a família.

6. Na sua opinião, como investir na formação de leitores na nossa cidade?
7. Outros comentários.

As questões foram respondidas como segue:

- Você já levou seu/sua filho(a) à biblioteca?

A pesquisa revelou que, entre os 46 entrevistados, 39 nunca levaram a criança à biblioteca, 6 já levaram e 1 não respondeu. Consideramos esse dado relevante, visto que a escola onde ocorreu a pesquisa localiza-se a uma distância acessível à biblioteca pública e conta com poucos recursos para aquisição de livros. Os responsáveis, por seu lado, também não têm condições financeiras para comprá-los. Nesse contexto, usar a biblioteca ou fazer empréstimo de livros possibilitaria o acesso a diferentes títulos. Afinal, como afirma Chartier (2004, p. 196), "Tão antigo quanto o próprio livro, é o empréstimo".

- Com que frequência costuma ir à biblioteca?

A essa questão, 10 entrevistados responderam que às vezes vão à biblioteca, 31 que nunca vão e cinco não responderam. A frequência com que a família costuma levar a criança à biblioteca confirma que a maioria das crianças não tem o hábito de frequentar bibliotecas. O que nos conforta é que "os livros já estão nas classes e que, portanto, trata-se de convencer as crianças a lê-los" e a escola em que ocorreu a entrevista com os pais proporciona "condições favoráveis à leitura". (COLOMER, 2007, p.102, 104).

- Na sua casa tem livros?

Quanto a essa questão, a resposta foi promissora, uma vez que 31 responsáveis responderam que têm livros em casa, 10 que não os têm e os cinco que não responderam provavelmente também não, isto é, dos 46 entrevistados, 31 favorecem a leitura em casa. O resultado da questão nos traz esperanças, pois acreditamos que uma biblioteca ou mesmo poucos livros em casa pode despertar o interesse da criança e contribuir para a sua formação leitora.

- Você considera importante ler para seu/sua filho(a)?

Informaram que consideram importante ler para a criança, 43 pais, e 3 não responderam. Aqui se encaixam as palavras de Wolf (2019, p. 152): "Quando você lê para elas, você as expõe a palavras que elas nunca ouvem em outros lugares, e a sentenças que ninguém usa ao redor delas. Não é simplesmente o vocabulário dos livros, é a gramática das histórias". (WOLF, 2019, p. 152).

- Como você avalia o projeto "Empréstimo de Livros" organizado pela escola?

A escola tem um projeto de leitura que abrange várias ações com vistas à inserção do aluno na prática leitora. Por conta disso, elaboramos a quinta pergunta, para a qual obtivemos o seguinte resultado: 31 avaliaram o projeto como uma oportunidade para conhecer outros livros; 11, como excelente; 1, como razoável e 3 não responderam.

O valor da leitura aparece em ações como os projetos desenvolvidos nas escolas, as quais são apropriadas para o desenvolvimento das capacidades leitoras, conforme pensam os 31 informantes que reconhecem que participar do projeto é uma oportunidade para conhecer outros livros.

- Na sua opinião, como investir na formação de leitores na nossa cidade?

Para essa questão, as respostas variaram. Dentre elas, destacamos: "Criando mais bibliotecas"; "Promovendo ações que incentivam o leitor a se interessar mais pela leitura"; "Aumentar campanhas de livros pela cidade"; "Trocas de livros"; "Bibliotecas modernas e divulgação"; "Tendo mais bibliotecas que emprestem livros ou aluguem por preços acessíveis"; "Anúncios espalhados pela cidade com incentivo à leitura"; "Distribuindo livros gratuitamente"; "Reciclando livros de pessoas que não usam mais"; "Comprando livros usados no sebo ou livros novos na promoção"; "Ter livros no computador"; "Melhoria nas bibliotecas das escolas e campanhas também".

As respostas denotam que a maioria dos informantes reconhece o valor da leitura, pois sugere estratégias para formar leitores, inclusive citando livros no computador. Nesse âmbito, repetimos (Chartier, 1999, p. 123): "A leitura pública supõe que a biblioteca saia de seus muros, vá ao encontro dos leitores, com os ônibus-bibliotecas, as bibliotecas circulantes instaladas nos bairros, as bibliotecas nas empresas".

4.2.3 Pesquisa com o professorado

A pesquisa com o professorado foi realizada por meio de um questionário intitulado "A leitura dos professores em Santo André", elaborado no *google forms* e encaminhado o link via e-mail. O objetivo principal era conhecer os hábitos de leitura dos entrevistados e como eles atuam no cotidiano escolar no tocante ao quesito leitura.

O questionário foi respondido por 25 professoras e um professor de três escolas (uma municipal, uma estadual e uma particular). Em cada escola, contatamos a equipe gestora e cada uma indicou nove representantes para participarem da pesquisa, dos quais um se absteve de participar.

Para explanar os pormenores da pesquisa, redigimos uma carta (APÊNDICE G) para explicar e justificar os objetivos e a seriedade do assunto e um "Termo de consentimento livre e esclarecido para o participante", o qual foi anexado ao formulário Google.

As professoras e o professor que responderam ao questionário atuam no Ensino Fundamental I, com idades acima de 30 anos. Dentre eles, 26 dedicamse ao trabalho exclusivo em uma rede de ensino e 2 acumulam o trabalho com outra rede. A formação acadêmica dos entrevistados, na maioria, é em Pedagogia, com pós-graduações como Psicopedagogia, Motricidade e Didática.

Quanto à faixa etária, um tem mais de 60 anos, sete estão na faixa dos 50 e 60, 10 encontramse na faixa dos 40 e 50; oito possuem entre 30 e 40 anos. Conforme o quadro das gerações apresentado na subseção 3.3, a idade dos entrevistados nos permite classificá-los na categoria de imigrantes digitais (nascidos antes de 1980) e nativos digitais (nascidos após 1980). Podemos ainda enquadrá-los nas gerações *baby boomers* (nascidos entre 1946 e 1964) e X (nascidos entre 1965 e 1979). Além disso, temos representantes dos nativos digitais da geração Y (nascidos entre 1980 e 1994). Esse fator é de interesse com relação ao ensino de leitura, visto que as professoras e os professores do Ensino Fundamental lidam com crianças da geração alfa, mais habituadas que eles aos recursos digitais.

As questões apresentadas foram:

1. Você tem o hábito de ler? O que o motiva a ler?
2. Seus alunos têm o hábito de ler?

3. Você incentiva a leitura a seus alunos?
4. Quais estratégias você utiliza para motivar seus alunos a lerem?
5. Você utiliza dispositivos eletrônicos para leitura?
6. Você incentiva leitura em dispositivos eletrônicos a seus alunos? Se sim, quais?
7. Como você motiva seus alunos a lerem em dispositivos eletrônicos?
8. Você frequenta a biblioteca?
9. Você incentiva seus alunos a frequentarem a biblioteca?
10. Cite ações do seu cotidiano para incentivar o hábito de leitura.

Para essas questões, foram apresentadas as seguintes respostas:

- Você tem o hábito de ler? O que te motiva a ler?

A essa questão, a maioria dos entrevistados respondeu afirmativamente e apenas um respondeu que não gosta muito de ler. Quanto à motivação para a leitura, as respostas foram:

- O que me motiva a ler é a curiosidade e o prazer de vivenciar e visitar histórias em minha imaginação.
- Descobertas novas.
- Gosto de artigos sobre tecnologia, adoro confrontar matérias jornalísticas para exercitar minha reflexão. Nas horas livres gosto da leitura de livros religiosos (espírita).
- Estudo e/ou diversão.
- Prazer e conhecimento.
- O que me motiva é conhecimentos novos e para relaxar.
- Descobrir novas informações, bem como o lazer.
- Buscar referências para os meus alunos.
- Costumo ler diariamente para os alunos, para incentivá-los e para

ampliar repertório de palavras.

- Tive professores leitores.
- Estou sempre lendo... desde rótulos a livros... O que me motiva hábito e curiosidade.
- É realizar... conhecer... viajar.
- A paz que a leitura transmite, bem como poder ver pelas descrições dos livros lugares antigos, países para os quais nunca viajei e viver a vida de qualquer personagem.
- Prazer e conhecimento.
- Para ampliar conhecimento e por hobby.
- O trabalho.
- Tenho o hábito de ler, gosto de me atualizar.
- Tenho o hábito de ler e muitas coisas me motivam, pode ser uma boa história, uma curiosidade, uma necessidade formativa e até uma leitura que distraia, tudo é muito bem-vindo.
- O conhecimento e o prazer.
- Curiosidade.
- Leio todos os dias. A leitura é essencial à aprendizagem.
- A qualidade do livro.
- Diversão e aprendizado.
- Quando o assunto interessa.
- Mais leituras para estudo.

Os hábitos de leitura do professor podem influenciar sua missão na formação de leitores. Como é possível observar, a razão que motiva os entrevistados é diversificada: curiosidade, prazer de vivenciar e visitar histórias, prazer e conhecimento, confrontamento de matérias jornalísticas para exercitar a reflexão, estudar, divertir-se, aquisição de novos conhecimentos, maneira de relaxar, lazer, descoberta de novas informações e busca de referências para indicar aos alunos, entre outras.

Como se verifica, todos os participantes afirmaram ter o hábito de ler, embora com diferentes motivações, mas sempre com a premissa de que, com isso, contagiarão seus alunos, o que é louvável, pois é imprescindível que os professores tenham a leitura como prática, uma vez que eles "são encarregados de apresentar os livros às crianças". (COLOMER, 2007, p. 102).

- Seus alunos têm o hábito de ler?

Quanto à frequência de leitura dos alunos, 3 informantes responderam: sempre; 14, quase sempre; 4, raramente. Essas informações indicam que a prática da leitura nas classes das professoras e dos professores questionados é uma realidade, pois apenas quatro responderam que seus alunos raramente leem. Entender os hábitos de leitura de nossos alunos poderá "promover a reflexão e estudos para identificar ações mais efetivas ao fomento à leitura". (FAILLA, 2016, p. 6).

- Você incentiva seu/sua aluno(a) a ler?

A essa questão, todos responderam afirmativamente. Lembramos, entretanto, que o incentivo à leitura não é tarefa tão simples como parece. De fato, "pode ser muito difícil contentar os interesses de todas as crianças com a relação à leitura e fazê-los coincidir com os do professor, que supostamente interpreta as prescrições das propostas curriculares". (SOLÉ, 1998, p. 43).

- Quais estratégias você utiliza para motivar seus alunos a lerem?

    - Ofereço livros de diversos gêneros e temas, promovo rodas de leitura e debate, levo-os uma vez por semana na biblioteca e trabalho com o projeto "sacola da leitura"[5].

- Procuro textos com assuntos que façam parte da rotina deles.
- Leitura diária e biblioteca circulante.
- Faço leitura capitular[6] diariamente. Trabalho com biblioteca circulante semanal. E possuo um acervo na sala, disponível para alguns momentos, por exemplo, quando terminam a lição e no final do dia.
- Diferentes tipos de texto, leitura diária em voz alta, leituras compartilhadas, em momentos de ociosidade.
- Leitura deleite, rodas de biblioteca com trocas semanais e leitura capitulada para os alunos maiores.
- Nas aulas de literatura infantil.
- Fazemos visitas à sala de leitura, empréstimo de livros e fichas de leitura, facilito o acesso aos livros etc.
- Assuntos que sejam do interesse deles! Ação! Aventura! Suspense. Assuntos ligados ao dia a dia deles!
- Momento de leitura. Procuro diferenciar sempre, gibis, livros de contos, de mistério etc.
- Brincadeiras, leitura compartilhada, livros atrativos, perguntas constantes, pesquisa, postura de leitor.
- Minhas estratégias de leitura que os instiga a pegar o livro e tentar reler, já que conhecem a história lida, momentos próprios para lerem durante a rotina, empréstimo de livros e diversidade de suportes textuais para escolherem.
- Faço uma aula que desperte interesse de pesquisa.
- Rodas de leitura, atualidades, pesquisas.
- Sendo um leitor experiente e modelizador, lendo livros para meus

[5] A sacola de leitura é usada para transportar o livro emprestado pela escola para a criança levar para casa.

[6] Leitura realizada por capítulos ou por partes.

alunos que eles ainda não têm condição de ler, escolhendo um repertório adequado e estimulante, fazendo leitura, compartilhando os sentidos, fazendo perguntas geradoras, estimulando que o aluno leia mesmo sem saber ler, fazendo leituras de ajuste em textos de memória.

- Todos os dias temos o momento da leitura, e quem escolhe são eles, isso é muito importante.
- Leitura diária, biblioteca circulante, leitura simultânea.
- Realizando leitura deleite.

As respostas dos professores sobre as estratégias utilizadas para motivar a leitura dos alunos apontaram visitas à sala de leitura, rodas de leituras, debates, variação nos gêneros textuais, uso de textos com assuntos de interesse dos alunos, recursos para despertar a curiosidade dos alunos e dramatização. Neste passo, trazemos Colomer (2007, p. 117): "É imprescindível dar aos meninos e meninas a possiblidade de viver, por algum tempo, em um ambiente povoado de livros", bem como investir no planejamento escolar com "certas formas de organizar as aprendizagens escolares que favorecem especialmente a presença da leitura e a conveniência de planificar articuladamente funções, tipos e atividades de leitura de livros na escola".

- Você utiliza dispositivos eletrônicos para leitura?

A maioria dos entrevistados declarou usar dispositivos eletrônicos em suas aulas (11 sim, 10 às vezes, 5 não). Diante desses dados, constatamos que articular a leitura impressa com a leitura em dispositivos eletrônicos configura-se um desafio aos professores, independente da geração digital. Destacamos que a revolução da leitura, agora com o letramento digital, exigirá investimentos nos recursos humanos, pois percebemos que, "na escola brasileira, em geral, ainda são encontrados profissionais que não têm familiaridade com o mundo tecnológico". (CINTRA; PASSARELLLI, 2009, p. 83).

- Você incentiva leitura em dispositivo eletrônico a seus (suas) alunos (as)?

A maioria dos entrevistados incentiva seus alunos a lerem na tela, mesmo que isso não ocorra sempre. A leitura digital é essencial para a formação dos alunos, uma vez que esse recurso "promoverá a leitura tanto quanto fez o surgimento da imprensa, há mais de quinhentos anos, pois a revolução eletrônica é, sobretudo, uma revolução da leitura". (FISCHER, 2006, p. 314).

Nesse contexto, devemos refletir sobre as "mudanças sociais e tecnológicas das últimas décadas, decorrentes de um processo histórico complexo", em que "o aluno trouxe para a sala de aula práticas de letramento não valorizadas e não reconhecidas pela escola", que envolvem outras formas de leitura. (LIMA; GRANDE, 2013, p. 37,38).

- Se sim, quais?

Essa pergunta faz parte da anterior e trouxe as seguintes informações:

- Computador e celular.
- Computador e audiolivro.
- Computador, projetor e celular.
- Computador ou lousa da sala de informática.
- iPad e computador.
- Plataforma Guten News.
- Ensinei-os a baixar e guardar num aplicativo, e deixo utilizar o celular na escola uma vez por semana.

- E-books, sites etc.
- Somente as relacionadas às regras para jogar algo no computador ou ler como fechar um determinado programa, onde a leitura acaba virando um pretexto para alcançarem outros objetivos que não são as práticas de leitura.
- Pesquisas de diversos segmentos.

Todas as professoras e o professor usam equipamentos eletrônicos em suas aulas, sendo o computador e o celular os mais citados. É importante ressaltar a informação que uma das professoras deixa os alunos utilizarem o celular nas aulas uma vez por semana, o que representa uma forma de ensinar as crianças a usarem os aparelhos com responsabilidade, de modo a não perturbarem as aulas.

As atividades desenvolvidas incluem leitura de *e-books*, assistência a vídeos e pesquisas. Uma professora informou que usa a plataforma *Guten News*, uma solução digital de apoio às escolas que estimula a leitura crítica nos alunos por meio de uma plataforma interativa, alinhada à BNCC, e que utiliza o mundo como canal de aprendizado contínuo[7].

Constatamos que o uso de dispositivos eletrônicos para atender à demanda dos alunos vem se tornando um hábito dos professores, o que se justifica nas palavras de Prensky (2012, p. 463): "Qualquer instrutor ou professor que tenha os olhos abertos sabe que o seu mundo está mudando rapidamente, e poucos sabem o que vai acontecer em seguida". (PRENSKY, 2012, p. 463).

- Como você motiva seus alunos a lerem em dispositivos eletrônicos?

  - Geralmente peço para fazerem isso em casa, pela falta dos equipa-

[7] Disponível em: https://gutennews.com.br/. Acesso em: 10 jul. 2020.

mentos na escola. Eu faço uma prévia do conteúdo e os oriento para a leitura, a qual será retomada na aula seguinte. Também peço para eles anotarem informações relevantes para um debate posterior.

- Peço para que eles pesquisem sobre vários assuntos.
- Jogos educativos.
- Com atividades interessantes para a faixa etária.
- Enviando links previamente selecionados.
- Não temos esse recurso na escola.
- Falo sobre essa possibilidade.
- Através de jogos.
- Não pratico essas técnicas. Mas estou me aperfeiçoado para praticar.
- Pesquisa, curiosidades, livros projetados na parede.
- Ensinei-os a baixar e guardar num aplicativo, e deixo utilizar o celular na escola uma vez por semana.
- Somente no computador nas aulas de informática.
- Sites, *e-books*.
- Salvando livros infantis ou lendo *online*.
- Explicando o que há e como é possível ler através dos aplicativos.
- Sempre utilizando pesquisas e músicas.
- Leio histórias para eles utilizando *datashow*.
- Maioria pesquisa.

As maneiras de como incentivar os alunos a lerem nos dispositivos eletrônicos variam entre o uso para jogos, a solicitação de realizarem pesquisas, downloads orientados de arquivos, leituras de e-books e leituras *online*, entre outras. Destacam-se como dificuldade encontrada a citação de uma professora de que pede às crianças que deem continuidade as suas atividades envolvendo a tecnologia em suas próprias casas, por falta de equipamentos na escola e a informação de uma outra de que apenas fala da possibilidade de uso de tais equipamentos.

A falta de recursos tecnológicos na escola está associada não apenas à falta total ou ausência deles, mas também à quantidade insuficiente. Por exemplo, nem todos os laboratórios de informática possuem o número adequado de computadores para atender à inteira, individualmente. Além disso, o tempo de uso dos laboratórios pedagógicos é muitas vezes insuficiente, resumindo-se a duas aulas semanais e tempo restrito para cada uma, o que acaba por comprometer a continuidade e evolução das aulas. Isso revela que não basta a vontade do professor, mas é preciso também investimento em recursos e equipamentos e melhor planejamento de uso, para que as atividades escolares possam efetivamente se ancorar nas modernidades digitais.

De um modo geral, percebe-se que o uso dos dispositivos eletrônicos não segue uma lógica didática, pois fica a critério do gosto e da imaginação de cada professor. "As ferramentas que são usadas estão auxiliando novas conexões, sentidos que afetam o nosso pensamento. Assim, há necessidade de se gerar novas teorias de gestão de conhecimento para ligar o aprender do indivíduo com a aprendizagem das organizações". (KOO, 2011, p. 175).

Para implantar as novas tecnologias no cotidiano escolar, será necessário primeiro refletir a serviço do que ela estará presente, qual sua função social, não simplesmente tê-la como algo obrigatório. Para ter sentido, a tecnologia deve estar integrada ao currículo escolar sabendo-se que, mesmo assim, haverá desafios que precisarão ser enfrentados. Conforme ressalta Lopes, "as novas tecnologias não são como algum pensamento angelical proclama, isentas de desigualdades na sua apropriação". (LOPES, 2016, p. 190).

- Você frequenta a biblioteca?

A maioria dos informantes respondeu que vai sempre a bibliotecas ou que o fazem eventualmente, sendo que três responderam não frequentarem esses lugares. Responsáveis pela formação de leitores precisam ter uma boa relação com a leitura e com a biblioteca, pois esse é o espaço que favorece a prática da leitura. Acreditamos que ter acesso a livros, frequentar bibliotecas, manusear livros, trocá-los e indicá-los deveria fazer parte tanto da vida de quem ensina quanto de quem aprende. Como sugere Paiva:

> [...] a possibilidade de a criança (também o professor) olhar e manusear esse objeto, complementada, e não menos importante, pela constituição de espaços literários (bibliotecas bem-organizadas e equipadas com acervos atualizados e de qualidade) e pela qualificação do mediador dessa formação literária, que no espaço escolar, se define prioritariamente por bibliotecários, auxiliares de biblioteca e/ou professores. (PAIVA, 2012, p. 20).

- Você incentiva seus alunos a frequentarem a biblioteca?

Quanto ao incentivo aos alunos para frequentarem bibliotecas, a maioria respondeu positivamente, alguns responderam que incentivam pouco e outros responderam "não". O incentivo das crianças ao uso de bibliotecas é um fator de promoção da cidadania. Para muitas crianças, conhecer uma biblioteca é um privilégio oferecido apenas pela escola, pois dificilmente as famílias as levariam a esse espaço. Por essa razão, nos anos iniciais do Ensino Fundamental, deveria constar, no planejamento anual da escola, idas à biblioteca da cidade.

- Cite ações do seu cotidiano para incentivar o hábito de leitura.

    - Realizo diariamente uma leitura inicial, selecionando diversos gêneros textuais; Montei uma gibiteca; Estímulo a leitura em voz alta, para que os alunos desenvolvam a fluência e o prazer de ler.

- Apresentação da leitura necessita ser motivadora, precisa aguçar e despertar a curiosidade. A entonação de voz do professor quando o aluno ainda não se apropria, ou não tem autonomia para leitura é essencial. Perguntar, intervir no meio da leitura para a criança: - o que será que vai acontecer agora?! Isso motiva o saber, o conhecimento, não devemos esquecer a disciplina para que vire um hábito agradável.
- Faço leitura capitular diariamente. Trabalho com biblioteca circulante semanal e possuo um acervo na sala, disponível para alguns momentos, por exemplo, quando terminam a lição e no final do dia. Além dessas ações, trabalho com a biografia dos autores, incentivo através de conversas e exemplos.
- Leitura diária feita pelo professor, empréstimos de livros, leitura compartilhada de livros paradidáticos, diferentes portadores textuais.
- Tenho sempre um livro na bolsa, o que estimula a curiosidade dos alunos. Também faço uso das estratégias previamente citadas.
- Dou o exemplo lendo diariamente, apresento, empresto e facilito o acesso aos livros.
- Costumo ler livros que depois possamos assistir ao filme, isso motiva os alunos a fazerem a ligação e tem ajudado muito, e eles adoram!
- Começar a ler e parar, esperando que eles ativem suas estratégias para saber o fim das histórias, leitura de histórias já conhecidas pelos alunos, onde conseguem antecipar fatos, paisagens e personagens, colocar leitura como uma atividade de rotina, entre outras.
- Leitura semanal com rodízio de livros. Apresentação de leitura para outras séries da escola. Roda de leitura compartilhada. Troca de interpretação textual após leitura.

As ações do cotidiano citadas pelos professores para o incentivo da leitura incluíram, dentre outras, leitura diária de diferentes gêneros textuais em voz alta para os alunos, criando expectativas quanto ao desfecho; empréstimos de livros; leitura e comparação do texto lido com o filme da história, além de momentos livres para que o aluno tenha oportunidade de ler com autonomia e fazer a escolha do gênero a ser lido. Esse cenário nos leva a concordar com as palavras de Cintra e Passarelli sobre a função da escola e do professor na formação de leitores:

> Pensando no papel da escola (ou do professorado) em relação ao ensino de leitura – propiciar ao estudante que ele se torne um leitor de todos os gêneros de texto –, associar essas vivências de leitura à função da escola, nos encaminha para a reflexão de que ensinar a ler é muito mais do que trabalhar a leitura em sua função mais básica – a informativa. Eis porque precisamos trabalhar diferentes gêneros, contemplando perspectivas de natureza informativa, pragmática, prazerosa, enfim, textos que nos remetam a situações da vida de verdade, mas também a situações fictícias. (CINTRA; PASSARELLI, 2009, p. 38).

4.3 Resultados

A primeira parte da pesquisa, a realizada com o alunado, revelou que, apesar da existência de laboratório pedagógico de informática com acesso a esse espaço duas vezes na semana, a prioridade não era a aprendizagem da leitura e da escrita, mas a prática de jogos. Verificamos que, de fato, alguns jogos estavam associados apenas a entretenimento, mas outros poderiam contribuir para o aprendizado, pois se relacionavam a estratégias para entender o sistema de escrita.

As possibilidades da utilização da tecnologia, mesmo nos anos iniciais, são muitas, e uma delas é o uso dos jogos. Entretanto, de acordo com Prensky (2012, p. 441), "é importante determinar que tipo de aprendizagem baseada em jogos digitais é o mais adequado para sua organização".

O entendimento dos alunos de que as sessões do laboratório serviam apenas de entretenimento demonstra o aspecto lúdico da tecnologia no ensino, já que os alunos têm a oportunidade de aprender brincando. Então, não há dúvida de que os jogos dão oportunidades para a criança desenvolver habilidades e aprender, o que caracteriza a importância de mudanças no sistema de ensino e investimento no letramento digital. Conforme Prensky (2012):

> Um dos desafios digitais é descobrir e inventar meios de incluir a reflexão e o pensamento crítico (seja embutido no jogo por meio de um processo de reflexão e avaliação com a orientação de um instrutor) na aprendizagem e ainda torná-lo um jogo divertido. Há vários gêneros de jogo que já permitem essa inclusão (pense no xadrez). (PRENSKY, 2012, p. 82).

Acompanhando a rotina de algumas turmas no laboratório pedagógico de informática, observamos que algumas professoras indicavam outras possibilidades que não foram mencionadas pelo alunado, como os sites educativos, quizzes associados ao conteúdo estudado na semana ou na quinzena, leitura de livros digitais em conjunto, muitas vezes utilizando-se do recurso *PowerPoint* para a visualização por todos.

A segunda etapa da pesquisa, aquela em que os alunos entrevistaram os responsáveis, mostrou que, entre os 46 entrevistados, 39 nunca tinham levado o filho a uma biblioteca, deixando claro que esse espaço não faz parte do convívio dessas famílias. Outro dado apresentado pelos responsáveis é que possuem algum tipo de livro em casa e que, à sua maneira, acreditam ser importante ler para os filhos. Consideramos isso um ponto relevante visto que nem todos os familiares diretos das crianças são alfabetizados e que a aquisição de livros é complicada, pois a renda familiar da maioria é baixa.

A afirmação dos responsáveis de que dispõem de livros em casa nos desperta a esperança de um futuro mais promissor no quesito leitura, pois ter livros em casa é um caminho para a formação leitora. Entretanto, não basta possuí-los: é preciso que eles sejam lidos pelas crianças e, quando elas ainda não sabem ler, que eles sejam lidos por alguém que o saiba. Nesse sentido, Wolf (2019, p. 150, 151) ressalta a importância da leitura familiar para o desenvolvimento da criança:

> [...] antes que muitos de nós sequer suspeitemos que os bebês estejam escutando, eles já estão estabelecendo conexões impressionantes entre ouvir as vozes humanas e desenvolver seu sistema linguístico. Pense quantas coisas mais podem acontecer nessas regiões quando os pais, devagar, deliberadamente, leem para os filhos, só para eles, num contexto de atenção recíproca. Proporciona não só as associações mais palpáveis com a leitura, mas também uma interação entre pais e filhos sem hora para terminar, que envolve atenção compartilhada, aprendizado de palavras, sentença e conceitos, e mesmo o conhecimento do que é um livro.

Compreendemos que a responsabilidade e a atribuição de ensinar a ler e a escrever continua e continuará sendo da escola. Contudo, é desejável a parceria com os familiares, já que "a família é espaço privilegiado para a formação de um leitor: pais leitores poderão formar filhos leitores." (VERSIANI; YUNES; CARVALHO, 2012, p. 127).

A terceira parte da pesquisa, com o professorado, revela que as professoras e o professor reconhecem a importância da leitura para a formação de seus alunos, pois a incentivam pelo exemplo de se mostrarem como leitores às alunas e aos alunos e pela facilitação do acesso a livros e a outros materiais escritos, além de utilizarem estratégias pedagógicas diversas voltadas ao ensino da leitura.

O relacionamento dos informantes com a tecnologia, em sua maioria imigrantes digitais, revela-se bom, apesar de algumas dificuldades iniciais e da resistência de alguns poucos. Felizmente, a capacidade de transpor barreiras e de se adaptar a novas formas de ensinar é uma característica do professorado. Assim, o ensino de leitura ministrado pelos informantes une o impresso ao virtual dentro das possibilidades do contexto que lhes é apresentado.

A capacidade de adaptação dos docentes a situações novas é reforçada em uma situação não prevista na pesquisa, que é o cenário educativo diante do isolamento social em virtude da pandemia causada pela covid-19, em que o uso das tecnologias digitais se tornou premente. Nesse contexto, novas propostas foram surgindo, e concepções e atitudes precisaram se modernizar para se adequar a uma rotina de estudos fora das paredes da escola. Para tanto, a parceria entre as instituições escolares e as famílias precisou ser fortalecida, pois a tarefa escolar passou a ser desenvolvida exclusivamente em casa.

A adaptação para atendimento remoto aos alunos exigiu muita determinação, mas os professores se reinventaram e aventuraram-se pelo mundo digital que, embora presente na escola, se mantinha pouco valorizada como ferramenta pedagógica.

A partir de alguns depoimentos de professores que trabalham na EMEIEF Professora Yvonne Zahir, percebemos os desafios com que se depararam nesse período forçado de ensino remoto e os aspectos positivos alcançados, considerando que, antes do isolamento social, as práticas educativas eram presenciais. Com a repentina mudança, os professores precisaram se adequar aos recursos tecnológicos disponíveis, o que exigiu esforço para desenvolverem um trabalho de qualidade no meio digital. (APÊNDICE H).

Alguns desafios enfrentados e possibilidades descobertas relatadas pelos professores são apresentadas no quadro a seguir.

Quadro 3 – Desafios e possibilidades apontadas pelo professorado

Desafios	**Possibilidades**
Dificuldade em usar as ferramentas tecnológicas.	Parceria e trocas entre diferentes profissionais para se adequar às novas demandas.
Falta de investimentos dos gestores públicos em plataformas educativas eficientes para o trabalho remoto capaz de atender a todos os alunos.	Recorrer a plataformas e sites gratuitos.
Estabelecer parceria com a criança e a família para incentivar e acompanhar a rotina de estudos em casa.	As trocas ampliaram os saberes entre professores e participação em *lives*, cursos *online*, congressos digitais.
A dificuldade de algumas crianças em postar as atividades realizadas com boa definição.	Aprender a postar atividades com boa definição e com comandos claros e objetivos.

Desafios	Possibilidades
Transformar arquivos em PDF.	Aprender dia a dia a usar os recursos tecnológicos que não conhecia.
Resistência e barreira tecnológica.	Adquirir um acervo de material digital e tecnológico para uso imediato e com promessa de uso futuro nas aulas presenciais.
Timidez para gravar áudio e vídeo ou precisar trabalhar com as novas tecnologias de vídeo.	Adaptação a cada nova circunstância que o ensino remoto exige.
Organização do tempo.	Aprender a otimizar o tempo para trabalhar, pesquisar e preparar aulas remotamente.
Não ter precedentes da situação de ensino remoto.	Descoberta da capacidade de resiliência.
Insegurança por medo de não conseguir alcançar todos os alunos.	Acompanhar o esforço de algumas famílias a darem continuidade aos estudos em casa.
Viver uma situação não esperada.	Fazer parte desse episódio da história também ofereceu oportunidade de crescimento pessoal e profissional.
Analfabeto digital com a necessidade de desenvolver um trabalho improvisado, com recursos próprios, sem nenhum subsídio do poder público.	Engajamento de ajuda mútua e trocas de descobertas. Aprender a funcionalidade das plataformas como *Zoom*, *Hangouts*, *Teams*, *Meet* entre outras.
Medo do novo, da exposição das aulas virtuais quando elas passam a sair do olhar apenas do aluno e se estendem aos familiares.	Possibilidade de praticar a empatia, melhorar as relações humanas, estreitar laços.

Desafios	Possibilidades
Ter os recursos tecnológicos como obstáculo e não como ferramenta pedagógica.	Fazer uso de recursos que até então não faziam parte do cotidiano escolar.

Fonte: A autora, com base nas informações das professoras e dos professores, 2020.

Da mesma forma que as professoras e os professores tiveram oportunidade de se expressarem sobre suas impressões a respeito da passagem abrupta do espaço físico da escola para o espaço virtual da internet, também as famílias foram ouvidas sobre os desafios e as possibilidades quanto ao estudo remoto de suas crianças.

Quadro 4 – Desafios e possibilidades apontadas pelos familiares

Desafios	Possibilidades
Falta de recursos tecnológicos e de acesso à internet.	Receber a atividade impressa pela escola.
A criança não querer participar, não fazer a atividade proposta e chorar.	Interagir com a professora por meios digitais como plataformas ou *facebook*.
Falta de tempo e de paciência.	Organizar uma rotina que contemple momentos de estudo das crianças para fortalecer laços.
Saudade da escola.	Reconhecer o valor do professorado.

Fonte: A autora, com base nas respostas dos familiares, 2020.

As respostas dos familiares mostram a carência de recursos da família como uma das dificuldades de inserção e a falta de habilidade para lidarem com as crianças no tocante ao aprendizado formal. Além disso, citam a saudade que as crianças sentem da escola. Das soluções apontadas, diante da falta de condições tecnológicas nos lares das crianças, a mais plausível no que diz respeito à escola é a atividade impressa, já que a interação com as professoras e os professores não atende a todos.

A organização da rotina citada pelos responsáveis é uma ação que compete a eles, pois se trata de estudo no ambiente familiar. Infelizmente, percebe-se dificuldade nessa organização diante da inabilidade e da falta de paciência e de tempo dos familiares no atendimento às crianças. A saudade que as crianças sentem da escola é um fator positivo, pois demonstra que elas gostam do ambiente escolar e valorizam o trabalho do professorado.

O maior desafio relacionado ao isolamento foi e continuará sendo proporcionar o acesso aos recursos digitais para a totalidade dos alunos da comunidade e, com isso, atender a todos com equidade para evitar prejuízos pedagógicos.

5 Passos para a formação leitora no Ensino Fundamental I

A missão de formar leitores competentes deve ser trabalhada com seriedade, destacando-se que o ato de ler é essencial, independente do suporte, seja ele impresso ou *online*, pois, conforme Beiguelman (2003, p. 68), "corrobora-se, assim, a necessidade de metaforar o ambiente de leitura impresso no de leitura *online*, impondo o padrão de navegação e do deslocamento topógrafo e ponto a ponto".

Com o propósito de garantir o direito da criança ao acesso a livros e incentivar a leitura, sugerimos algumas atividades em sala de aula e em casa, tanto em material impresso como digital, na perspectiva de se chegar a uma leitura proficiente. É importante que a professora ou o professor siga alguns passos imprescindíveis para que os momentos de leitura sejam não apenas formativos e informativos, mas também prazerosos.

- Primeiro passo: selecionar bons livros

Selecionar um livro é como escolher um cardápio em um restaurante: há todos os tipos de alimentos para todos os gostos. Assim, também há livros de diversos gêneros que proporcionam prazeres diferentes ao leitor.

- Segundo passo: antecipar a leitura

Antes de ler em voz alta para a criança ou de selecionar um livro para indicação literária ou complementar, é essencial uma leitura crítica antecipada para perceber os aspectos que poderão ser destacados na história, como o local, as principais personagens, a qualidade do livro, a linguagem utilizada e características relevantes que poderão ser destacadas, sem descuido da verificação da faixa etária para a qual o livro é indicado.

- Terceiro passo: explorar a capa e a contracapa do livro

Desperte a curiosidade visual por estimular a análise da capa do livro. O uso de perguntas é uma estratégia para fazer a criança pensar no assunto e chamar a atenção para pontos principais. Ao observar a capa do livro, podemos fazer questionamentos como: "Ela chama a atenção para quê?", "Sobre o que esse livro deve falar?", "Quem são as personagens?", "O que será que vai acontecer?", "Quem é a autora ou o autor?", "E a editora?", "O que tem na contracapa?", "O livro apresenta uma sinopse na contracapa?".

- Quarto passo: promover a leitura de imagens

A leitura tem diversas formas de representação. Portanto, é possível ler sem saber ler convencionalmente. Podemos motivar as crianças a desenvolverem essa habilidade ao mostrar uma imagem e questionar sobre o que se trata, incentivando a criação de uma narrativa. Pode-se ainda apresentar um livro em outro idioma e pedir que as crianças tentem adivinhar o conteúdo da história e a contem à sua maneira. Após ouvir as histórias inventadas e conversar sobre as possibilidades apresentadas, retomar o livro na língua materna e lê-lo para que as crianças possam comparar a história do livro com as suas e usufruir das descobertas.

Um exemplo para essa atividade é a Figura 1 a seguir, com a capa do livro em Língua Tailandesa apresentada às crianças para suas deduções e a capa do mesmo livro em Língua Portuguesa, na qual o título da história fornece a pista para seu conteúdo.

Figura 1 – Capa de livro em diferentes línguas

Fonte: HUBER, Annete; OLTEN, Manuela. Gabriel tem 99 centímetros. Tradução: Hedi Gnädinger. Campinas: Saber e Ler, 2012.

- Quinto passo: leitura em voz alta pelo professor

A leitura em voz alta deve ser um momento privilegiado na rotina escolar, talvez o momento mais importante para a formação de leitores. Assim, o professor deverá se preparar para esse momento e garantir a leitura de um bom livro. Quando nos referimos a bom, significa que o livro deve conter um texto bem escrito, que pode ser um conto de fadas, uma crônica, um conto fantástico, entre outros.

A história pode ser contada por completo ou por capítulos, dependendo de sua extensão. A professora ou o professor deve apresentar um repertório literário diversificado aos estudantes, não precisando ter receio de contar longas histórias. Basta dividi-las em capítulos. Geralmente, nos anos iniciais do Ensino Fundamental, são bem-vindas histórias como "Matilda" e "A Fantástica Fábrica de Chocolate", de Roald Dahl, "Volta ao Mundo em 80 dias", de Júlio Verne; "Pipi Meialonga", de Astrid Lindgren, dentre muitos outros, incluindo livros de aventura.

Além desses livros e dos contos de fadas, que tanto encantam as crianças, há os contos africanos, os contos japoneses e os contos irlandeses, os quais apresentam particularidades e repertório diversificado.

Três histórias africanas que indicamos são *Obax*, de André Neves, que conta as aventuras de uma menina, como caçar ovos de avestruz, conhecer elefantes, apostar corrida com antílopes e enfrentar ferozes crocodilos; *O coração do Baobá*, de Heloisa Pires Lima, que descreve a história de um baobá no coração da África, abriu seu coração revelando seu maior tesouro a uma lebre, a qual contou o segredo para uma hiena, que tentou se aproveitar da situação, mas não é bem-sucedida; *De grão em grão, o sucesso vem na mão*, de Katie Smith Milway, que traz a história de um garoto pobre que vivia numa aldeia africana e precisou abandonar a escola para ajudar sua mãe. Ele não desistiu do sonho de voltar a estudar e teve a ideia de, com algumas moedas, comprar uma galinha que botava ovos, que poderiam ser vendidos ou comidos. Com isso, pouco a pouco, foram aumentando seus recursos e ele pôde voltar para a escola.

Dos contos japoneses, podemos citar o livro de Silvia Kawanami, *A lenda do Momotaro*, que resgata a lenda de um menino que nasce em um pêssego e torna-se herói. Quanto aos contos irlandeses, há o livro *Histórias irlandesas*, que resgata as tradições literárias da Irlanda, recontadas por Ana Maria Machado.

Não podemos deixar de incluir autores brasileiros em nossa lista, como Ruth Rocha, com livros como *Marcelo, Marmelo, Martelo*, que conta a história de um menino criativo que gosta de inventar nomes para as coisas seguindo o seu próprio critério, brincando com as palavras como, por exemplo, suco de vaca para nomear leite. Outro brasileiro cuja presença é obrigatória na lista é Monteiro Lobato, cuja Coleção Picapau Amarelo teve, recentemente, suas histórias adaptadas por Fernando Nuno e Silvana Salerno, tanto em linguagem quanto em volume, para a Editora Brasil. Assim, *Reinações de Narizinho*, por exemplo, poderá ser lido sem estranhamento pelas crianças.

- Sexto passo: contar histórias

Contar histórias é diferente de ler histórias. Enquadra-se no eixo oralidade, contudo pode ser um recurso para encurtar o caminho do leitor até o livro. Quando a história é contada, podemos usar a linguagem coloquial, sem necessariamente utilizar todos os termos do livro. Trata-se de um momento que encanta as crianças pela forma com que a história é conduzida. Em uma contação de histórias, há possiblidade de se trabalhar com diferentes temas, recorrendo a materiais diversos, como o próprio livro e outros objetos para representar personagens como fantoches, dobraduras, panos de diferentes cores e tamanhos, fantasias, perucas, chapéus, colares etc.

Para enriquecer a contação de histórias, deve-se investir na *performance*, usando adequadamente a voz, adaptando o volume, expressando ritmo, dando emoção à atuação.

- Sétimo passo: promover visitas a bibliotecas

Visitas a bibliotecas são uma estratégia formadora de leitores que a escola deve garantir às crianças, já que provavelmente a visita promovida pela escola é a única oportunidade que a criança terá de conhecer tais espaços, pois a família nem sempre tem condições ou interesse de promover tais visitas. Assim, é fundamental a inclusão de um projeto no Plano Político Pedagógico (PPP) da escola para que essa saída pedagógica seja realizada com as crianças matriculadas no Ensino Fundamental.

- Oitavo passo: promover momentos de leitura pelo alunado

A leitura realizada em voz alta pela aluna ou aluno proporcionará oportunidade para o exercício da prática leitora. A leitura deve ser significativa, em forma de monitoria, em que uma criança-leitora mais proficiente leia para outras que estejam adquirindo tal habilidade ou que ainda não saibam ler.

Poderá haver momentos de leitura em voz alta nas entradas coletivas, na sala de aula, em intercâmbio nas salas de crianças menores e em salas de leituras simultâneas. Inicialmente, algumas crianças se voluntariam como leitores e indicam a história ou livro que vão ler. Assim, os professores organizam um mural expondo as capas dos livros indicados e em que sala eles serão lidos, providenciam um espaço para que as outras crianças possam escolher e anotar seu nome, numa espécie de inscrição. No dia e horário marcado, cada criança se direciona para a sala em que se inscreveu para ouvir a história, em uma ação que envolve todos os estudantes. A criança-voluntária, durante o período de inscrição, aproveita para treinar a leitura pública para fazê-la com fluência, servindo de modelo para as outras crianças.

- Nono passo: proporcionar empréstimo de livros

As escolas municipais, em geral, possuem um acervo de livros que anualmente são enviados pelo PNLD Literário e outros adquiridos com verbas destinadas a esse propósito. Esses livros são utilizados no cotidiano escolar e poderão ser disponibilizados para empréstimo, possibilitando o acesso e a extensão da leitura pela criança e o compartilhamento com a família, a qual nem sempre tem condições de adquirir material de leitura.

O empréstimo de livros para a criança levar para casa deve ser feito sem o receio de perder, de estragar ou de sumir, considerando-se que todos devem estar cientes do zelo e da responsabilidade quanto ao uso de um material que é de todos. Afinal, o que tem maior valor? Permitir o acesso ao livro para ser lido e correr o risco de desvios ou conservá-lo sem funcionalidade?

- Décimo passo: dar oportunidade à criança de se autoavaliar

Avaliar a leitura não deve ser função apenas da professora e do professor, mas de todos os envolvidos. Nesse sentido, uma boa estratégia é conversar com a criança e combinar que ela seja filmada durante sua leitura, por poucos minutos. Após a leitura, deixar a criança assistir sua leitura e avaliar seu desempenho. A cada filmagem, podemos combinar uma reavaliação para mostrar a evolução da competência leitora da criança, tendo em vista que ela própria percebe suas falhas e a necessidade de treinar para se aperfeiçoar.

- Décimo primeiro passo: promover eventos que incentivem a leitura

Da mesma forma que acontecem as festas na escola, podemos promover festas literárias como feiras do livro, com trocas, leituras, saraus, exposição de textos elaborados pelas crianças e a presença de escritores para conversarem com a comunidade escolar etc. Também devem ser planejadas exposições das sinopses dos livros lidos durante o ano e outras ações que promovam a apreciação de boas leituras.

- Décimo segundo passo: promover o acesso a bibliotecas digitais

Conhecer uma biblioteca física é de suma importância para a formação de leitores. Entretanto, com a chegada da tecnologia, surgiram as bibliotecas digitais que ampliam as possibilidades de acesso à leitura. A proposta da biblioteca digital vem angariando adeptos, proporcionando outras fontes de pesquisas e trazendo contribuições para todos aqueles que procuram bons textos, tanto para deleite quanto para estudos. Algumas dessas bibliotecas são gratuitas, como as que elencamos a seguir:

1. Biblioteca Digital[1] localizada no Portal do Domínio Público, a qual está ao alcance de todos que possuem acesso à internet. Ela foi desenvolvida com *software* de uso livre, contém mais de dois mil títulos em *e-books* de diversas categorias, como literatura, comunicação, educação, filosofia, turismo, teses e dissertações.

2. Biblioteca Virtual Infantil[2] da Universidade Federal de Juiz de Fora, dispõe de um vasto acervo composto por fábulas, quadrinhos, receitas, poesias, dicionários e textos coletivos. Ainda, como incentivo ao trabalho de autoria da criança, a biblioteca disponibiliza um roteiro com orientações práticas para que ela própria escreva e publique seu trabalho, o qual ficará exposto no portal da UFJF para acesso público. Assim como as bibliotecas presenciais, essa biblioteca digital dispõe de um livro de registro de visitas e de um caderno em que a criança pode deixar um recadinho com sua opinião.

[1] Disponível em: http://www.dominiopublico.gov.br/pesquisa/ResultadoPesquisaObraForm.do?first=3000&skip=0&ds_titulo&co_autor&no_autor&co_categoria=2&pagina=1&select_action=Submit&co_midia=2&co_obra&co_idioma=1&colunaOrdenar=NU_PAGE_HITS&ordem=desc . Acesso em: 2 jul. 2020.

[2] Disponível em: https://www.ufjf.br/bibliotecavirtualinfantil/versao-animada-preview/. Acesso em: 2 jul. 2020.

3. Biblioteca Digital de Literatura Infantil Lunetas[3], possui um acervo digital específico para as crianças e uma curadoria especializada em conteúdos científicos e práticos, de instituições e universidades. No portal da biblioteca, há *links* que direcionam a outros portais, como Domínio Público, Biblioteca Digital Infantil e Espaço da Leitura.

4. Biblioteca e Livraria Digital Bamboleio[4], uma plataforma colaborativa do Brasil para o mundo, fundada por mulheres brasileiras que vivem em diferentes partes do mundo, com objetivos de facilitar o acesso ao universo da literatura infantil por meio do recurso digital.

5. Biblioteca Digital de Santo André[5]. O acervo digital de livros infantis é pequeno, contudo, dispõe de uma gibiteca digital com a possibilidade de fazer *downloads*, pois os arquivos são, em sua maioria, em PDF.

- Décimo terceiro passo: usar e incentivar o acesso a plataformas colaborativas, sites, trailers de filmes e blogs.

Existem algumas plataformas colaborativas, sites, trailers de filmes e blogs que disponibilizam *e-books* e outros recursos que poderão auxiliar na demanda educacional dos nativos digitais e dos imigrantes que querem acompanhar as inovações tecnológicas:

---

[3] Disponível em: https://lunetas.com.br/livros-gratuitos/.Acesso em: 5 Abr. 2023.

[4] Disponível em: https://bamboleio.com.br/. Acesso em 5 abr. 2023.

[5] Disponível em: http://www.santoandre.sp.gov.br/pesquisa/defaultNLGIB_HQ.asp?ErrNumber=1. Acesso em: 2 jul. 2020.

1. Amazon[6]: oferece *e-books* Kindle infantis gratuitamente.
2. Portal Geledés[7]: disponibiliza contos africanos e diversos outros textos para *downloads* gratuitos.
3. Canal de Ensino[8]: portal dedicado à educação, que disponibiliza gratuitamente livros de literatura infantil para *download.*
4. *Kidsbook*[9] Itaú Criança: além de doar livros físicos anualmente para crianças em nome do projeto "Leia para uma criança – isso muda o mundo", disponibiliza livros no formato interativo para serem acessados digitalmente.
5. *Trailers* de filmes também são recursos para se trabalhar temas transversais como morte, separação, criatividade, deficiências entre outros. Um exemplo é o *trailer A caminho da lua*[10], que conta a história de uma deusa chinesa e propõe discussão sobre o luto.
6. O vídeo de quinze minutos, *Os Fantásticos Livros Voadores do Sr. Morris Lessmore*[11], que ilustra a história de um livro.

- Décimo quarto passo: usar aplicativos como recursos pedagógicos

As tecnologias permitem acesso a recursos que podem estimular a leitura, como aplicativos que permitem gravar e editar a leitura de uma história. Exemplos de aplicativos disponíveis com essas finalidades são: Inshot, Vídeo-

[6] Disponível em: https://mesadoescritor.com/livros-gratis-amazon/ Acesso em: 5 abr. 2023.

[7] Disponível em: https://www.geledes.org.br/34-contos-africanos-estao-disponiveis-para-download-gratuito/ . Acesso em: 05 abr. 2023.

[8] Disponível em: https://www.pebsp.com/20-obras-de-educacao-infantil-para-download-gratuito/. Acesso em: 5 abr. 2023.

[9] Disponível em: https://www.euleioparaumacrianca.com.br/. Acesso em: 2 jul. 2020.

[10] Disponível em: https://br.video.search.yahoo.com/search/video?fr=mcafee&ei=UTF-8&p=trailer+A+caminho+da+lua&type=E211BR714G0#id=1&vid=f825a5758f153e920edb85a7a909630e&action=click. Acesso em: 3 jul. 2020.

[11] Disponível em: https://www.youtube.com/watch?v=LjkdEvMM5xs . Acesso em: 3 jul. 2020.

Pad, HitFilm Express e Audacity. Esses aplicativos podem ser usados gratuitamente e são autoexplicativos.

Com esses quatorze passos, deixamos nossa contribuição para o ensino de leitura de nossos alunos da geração alfa, na esperança de que ela seja útil tanto para o professorado, no seu cotidiano profissional, quanto para o alunado, na sua formação leitora.

6 Conclusão

O prazer da leitura é o pressuposto de tudo o mais. Quem gosta de ler tem nas mãos as chaves do mundo.

(Rubem Alves)

Neste livro, com o objetivo de contribuir com novos estudos relacionados com a formação dos leitores nativos digitais pela instigação do potencial criativo do alunado no Município de Santo André, propusemo-nos a responder às seguintes questões: 1) Qual a relação dos leitores considerados nativos digitais com os livros impressos e a aprendizagem nos anos iniciais do Ensino Fundamental? 2) Quais são os desafios do ensino da leitura em relação aos nativos digitais nos anos iniciais do Ensino Fundamental? 3) Como a educação pública do Município de Santo André contribui para a formação de leitores na era digital?

Com respeito à primeira questão, concluímos que, por terem nascido em uma época em que a tecnologia está ao alcance de todos, os estudantes precisam de orientação para equilibrarem a leitura impressa com a digital. Desse modo, o investimento no letramento digital é o caminho mais sensato e abrange a tríade alunado, família e professorado. Esse letramento, acompanhado pelo letramento cultural, oferece a possibilidade de se adequar a prática educativa aos recursos digitais como ferramentas pedagógicas.

Quanto à segunda questão, podemos dizer que a aprendizagem das crianças dotadas de habilidades digitais precisa ser planejada e adaptada para uma nova vivência, pois não é possível ignorar o impacto das tecnologias dentro do espaço escolar. Esse é o grande desafio, pois a escola segue uma tradição e o novo nem sempre é bem-vindo. Assim, os desafios enfrentados no ensino da leitura em relação aos nativos digitais nos anos iniciais são muitos, entre eles, a promoção do equilíbrio entre os recursos tecnológicos e os impressos.

Atingir bons resultados na formação de leitores é o desafio enfrentado pela escola em relação aos nativos digitais nos anos iniciais do Ensino Fundamental, tendo em vista que o acesso a tais tecnologias não garante a capacidade de usar os recursos digitais de maneira positiva. Dessa forma, devemos reconhecer a necessidade de introduzir as tecnologias e os materiais didáticos digitais em sala de aula, com o cuidado de não reproduzir uma velha estratégia com novos recursos.

O fato de o professor ser um imigrante digital não o exime da responsabilidade de tornar o ensino algo prazeroso, fazendo uso de recursos diversos, incluindo jogos, *quizzes* e ferramentas que auxiliarão os alunos na sua aprendizagem. Isso exigirá quebra de paradigmas, pois atualmente a concepção de leitura está se modificando em muitos aspectos. Essa modificação também envolve os familiares, que têm o papel de incentivar, acompanhar e ser modelo para as crianças no quesito leitura.

No tocante à terceira questão, entendemos que a educação pública do Município de Santo André contribui para a formação de leitores na era digital pelo investimento, tanto em máquinas quanto na capacitação de pessoal desde 1997, como atesta o relato da Professora Jamile Alabi. Porém, a principal contribuição nesse sentido parte das professoras e dos professores, os quais, cada um a seu modo, procura integrar os recursos digitais em suas aulas.

O comprometimento do professorado com a utilização de recursos digitais no ensino tornou-se patente diante da impossibilidade de aulas presenciais em decorrência da pandemia da covid-19, que serviu de estopim para a utilização efetiva da tecnologia como recurso pedagógico. Diante dessa situação, mesmo com pouco domínio dos recursos disponíveis nas plataformas, as professoras e os professores conseguiram recriar formas para promover um ensino a distância para atender ao alunado. A partir de então, o uso de plataformas como *Zoom*, *Meet*, *Hangouts*, *Teams* e *Google Classroom*, entre outras, passou a fazer parte do cotidiano escolar. Nesse contexto, atividades como pesquisas, fotografia, filmagem de leituras, compartilhamento de livros e de histórias são constantes, além do uso do *WhatsApp*, como meio de comunicação, e do *Facebook*, como caderno para expor as lições.

A mudança no cenário educativo em decorrência do isolamento social forçou os professores a criarem métodos de ensino a distância originais e divertidos, longe da materialidade que nos permite o olho no olho, por meio de uma tela que pode ser um computador, um *tablet* ou mesmo um celular. Vale ressaltar que essa transição abrupta não foi e não tem sido fácil, principalmente em virtude da carência de recursos tecnológicos tanto por parte das crianças quanto dos docentes, como falta de equipamentos adequados e de internet de qualidade fornecida pela instituição escolar.

O isolamento social exigiu adaptação de toda a comunidade escolar para passar do espaço físico da escola para o ambiente virtual da internet. Aí surgiram as questões: Como? Com que recursos? Nesse momento, percebeu-se que aquilo que parecia razoável em termos de inclusão digital, de fato, não atendia à demanda que se apresentava. Assim, alguns professores disponibilizaram recursos próprios e se moldaram à nova realidade para conseguir manter uma rotina mínima de estudos com os alunos, mesmo à distância. Infelizmente, essa adaptação não tornou possível atender a todos os alunos, pois muitos deles não dispunham de equipamentos ou internet para acessar as aulas ou até mesmo não sabiam como manusear os dispositivos.

Diante desse fato, julgamos que, para que a inclusão digital seja efetivada de maneira satisfatória e propicie um ensino adequado ao alunado nativo digital, faz-se necessária a implementação de subsídios que alcancem todos os envolvidos (alunado, familiares e professorado). Essa missão cabe principalmente ao poder público, que detém as verbas e a possibilidade de alterar as políticas públicas sociais e educativas.

Acrescentamos que formação de leitores embasa-se na construção do saber como processo, que deve ser ensinado, incentivado e acompanhado. Para tanto, devemos seguir a trajetória dos imigrantes digitais para entender o comportamento dos nativos digitais, especialmente os da geração alfa, da qual fazem parte as alunas e os alunos do Ensino Fundamental I.

Encerramos *A relação dos nativos digitais com livros impressos não é um bicho-de-sete-cabeças* afirmando que, se a criança aprender a ler com proficiência, ela terá condições de escolher em qual suporte deseja ler por se sentir mais confortável. Assim, durante os anos iniciais, a criança poderá alternar as formas de leitura, sob supervisão, aventurando-se tanto no livro impresso como no digital. Nesse sentido, o suporte poderá ser apenas um detalhe, pois o destaque será para a relevância da leitura.

Referências

ABE – Associação Brasileira de Educação. *Breve histórico*. Rio de Janeiro: Associação Brasileira de Educação, 2020. Disponível em: http://abe1924.org.br/quem-somos. Acesso em: 5 jul. 2020.

AZZARI, Eliane Fernandes; LOPES, Jezreel Gabriel. Multiletramentos e materiais didáticos digitais aplicados ao ensino de línguas na escola. *In*: Escol@ conectad@: os multiletramentos e as TICs/ Adolfo Tanzi Neto [et. al].; organização Roxane Rojo. 1. ed. São Paulo: Parábola, 2013.

BEIGUELMAN, Giselle. *O livro depois do livro*. São Paulo: Peirópolis, 2003.

BERTELLI, Isabella. Vale a pena aprender uma segunda língua já adulto? *Científica Mente*, 29 jul. 2012. Disponível em: http://cienciaemente.blogspot.com/2012/ Acesso em: 5 abr. 2023.

BRASIL. [Constituição (1891)]. *Constituição da República Federativa do Brasil*. Rio de Janeiro: Presidência da República, 1891. Disponível em: http://www.planalto.gov.br/ccivil_03/Constituicao/Constituicao91.htm. Acesso em: 5 jul. 2020.

BRASIL. [Constituição (1934)]. *Constituição da República Federativa do Brasil*. Rio de Janeiro: Presidência da República, 1934. Disponível em: http://www.planalto.gov.br/ccivil_03/constituicao/constituicao34.htm. Acesso em: 5 jul. 2020.

BRASIL. [Constituição (1946)]. *Constituição da República Federativa do Brasil.* Rio de Janeiro: Presidência da República, 1946. Disponível em: http://www.planalto.gov.br/ccivil_03/constituicao/constituicao46.htm. Acesso em: 5 jul. 2020.

BRASIL. [Constituição (1988)]. *Constituição da República Federativa do Brasil.* Brasília, DF: Presidência da República, 1998. Disponível em: http://www.planalto.gov.br/ccivil_03/constituicao/constituicao.htm. Acesso em: 5 jul. 2020.

BRASIL. *Pró-Letramento:* Programa de formação continuada de professores das séries iniciais do Ensino Fundamental. Formação de professores: Fundamentos para o trabalho de tutoria – Fascículo do Tutor. Brasília: Ministério da Educação/ Secretaria de Educação Básica, 2007. Disponível em: http://portal.mec.gov.br/pro-letramento Acesso em: 28 jun. 2020.

BRASIL. *Base nacional comum curricular.* Brasília, DF: Ministério da Educação/Secretaria da Educação Básica, 2016. Disponível em: http://basenacionalcomum.mec.gov.br/#/site/inicio. Acesso em: 13 jun. 2020.

BRASIL. *Histórico.* Brasília: Ministério da Educação/FNDE, 2017. Disponível em: http://www.fnde.gov.br/component/k2/item/518-hist%C3%B3rico. Acesso em: 10 jul. 2020.

BRASIL. *Programa Nacional Biblioteca da Escola.* Brasília: Ministério da Educação, 2018. Disponível em: http://portal.mec.gov.br/programa-nacional-biblioteca-da-escola. Acesso em: 20 jul. 2020.

BRASIL. *Santo André.* Rio de Janeiro: IBGE, 2019a. Disponível em: https://cidades.ibge.gov.br/brasil/sp/santo-andre/panorama. Acesso em: 20 jul. 2020.

BRASIL. *Pisa 2018 revela baixo desempenho escolar em leitura, matemática e ciências no Brasil.* Brasília: INEP, 3 dez. 2019b. Disponível em: http://portal.inep.gov.br/artigo/-/asset_publisher/B4AQV9zFY7Bv/content/pisa-2018-revela-baixo-desempenho-escolar-em-leitura-matematica-e-ciencias-no-brasil/21206. Acesso em: 28 jun. 2020.

BRENMAN, Ilan. *A condenação de Emília* o politicamente correto na literatura infantil. 1.ed. Belo Horizonte: Aletria, 2012.

CASTRO, Maria Helena Guimarães; TIEZZI, Sérgio. A reforma do ensino médio e a implantação do ENEM no Brasil. *In*: BROCK, C; SCHWARTZMAN, S. (org.). *Os desafios da educação no Brasil.* Rio de Janeiro: Nova Fronteira, 2005. p. 115148.

CAVALLO, Guglielmo; CHARTIER, Roger. *História da leitura no mundo ocidental.* São Paulo: Ática, 2002.

CERVANTES, Miguel de. *Dom Quixote de la Mancha.* 4.ed. Rio de Janeiro: Revan, 2005.

CHARTIER, Roger. *A aventura do livro*: do leitor ao navegador. Tradução: Reginaldo de Moraes. São Paulo: Editora UNESP, 1999. (Prismas).

CHARTIER, Roger. *Leitura e leitores na França do Antigo Regime.* Tradução: Álvaro Lorencini. São Paulo: UNESP, 2004.

CINTRA, Anna Maria Marques; PASSARELLI, Lílian Ghiuro. Funções sociais da leitura. *In*: CINTRA, Anna Maria Marques; PASSARELLI, Lílian Ghiuro (org.). *Leitura e Produção de texto*. Blucher, 2009. (Coleção: A reflexão e a prática no ensino).

COLOMER, Tereza. *Andar entre livros:* a leitura literária na escola. São Paulo: Global, 2007.

CPDOC. *Movimento Brasileiro de Alfabetização (Mobral)*. Rio de Janeiro: FGV/DPDOC, 2009. Disponível em: https://www.educabrasil.com.br/mobral-movimento-brasileiro-de-alfabetizacao/Acesso em: 5 abr. 2023.

CRYSTAL, David. *A revolução da linguagem*. Tradução de Ricardo Quintana; consultoria de Yonne Leite. Rio de Janeiro: Jorge Zahar, 2013.

EXAME. Ibope aponta hábitos culturais dos internautas. *Exame [online]*, 2 set. 2013. Disponível em: https://exame.com/tecnologia/ibope-aponta-habitos-culturais-dos-internautas/. Acesso em: 28 jun. 2020.

FAILLA, Zoara (org.). *Retratos da Leitura no Brasil 4*. São Paulo. Imprensa Oficial de São Paulo/Instituto Pró-Livro: São Paulo, 2016.

FERREIRA, Maria. *História da República do Brasil*. Brasília: Rádio Senado, 2018. Disponível em: https://www12.senado.leg.br/radio/1/noticia/2018/09/19/republica-velha-e-marco-inicial-do-periodo-republicano-no-brasil Acesso em 7 abri.2023

FIGUEIREDO, José. A tecnologia não está acabando com a leitura, ela está acabando com leitores. *Hommo Literatus*. [*s. l.*]: 5 jun. 2016. Disponível em: https://homoliteratus.com/tecnologia-nao-esta-acabando-com-leitura--ela-esta-acabando-com-leitores/ Acesso em: 8 jun. 2020.

FISCHER, Steven Roger. *História da leitura*. São Paulo: UNESP, 2006.

FLAUBERT, Gustave. *Madame Bovary*. São Paulo: Nova Alexandria, 2001.

FRAGA, André Barbosa. A propagação das ideias anticomunistas para crianças na exposição nacional do Estado Novo (1938). *Cordis*: Revista Eletrônica de História Social da Cidade. São Paulo, n. 18, p. 3-38, jan./jun. 2017. Disponível em: https://revistas.pucsp.br/cordis/article/view/39708/26882. Acesso em: 12 jul. 2020.

FRANÇA, Marco Túlio Aniceto; GONÇALVES, Flávio de Oliveira. O FUNDEF e a eficiência na provisão municipal de ensino fundamental. *Production*, 26(1), 235-248, jan./mar. 2016. Disponível em: https://www.redalyc.org/pdf/3967/396745201018.pdf Acesso em: 7 abr. 2023.

FUSCO, Claudia. Conheça a biblioteca irlandesa com mais de 200 mil livros. *Revista Galileu*. 28 mar. 2016. Disponível em: https://revistagalileu.globo.com/blogs/estante-galileu/noticia/2016/03/conheca-biblioteca-irlandesa--com-mais-de-200-mil-livros.html Acesso em: 7 abr. 2023.

GADOTTI, Moacir. *Educação Brasileira Contemporânea*: desafios do ensino básico. São Paulo: Instituto Paulo Freire, 1997. Disponível em: http://www.acervo.paulofreire.org:8080/jspui/bitstream/7891/3393/1/FPF_PTPF_01_0416.pdf. Acesso em: 21 abr. 2019.

GADOTTI, Moacir. *História das ideias pedagógicas*. São Paulo: Ática, 1998.

GENTE. *Perfis comportamentais dos imigrantes digitais*. Rio de Janeiro, 2019. Disponível em: https://gente.globosat.com.br/wp-content/uploads/2019/09/scroll-imigrantes-digitais.pdf. Acesso em: 2 abr. 2020.

GINZBURG, Carlo. *O queijo e os vermes*. São Paulo: Companhia das Letras, 2006.

GRAMMON, Guiomar de. Ler devia ser proibido. *In:* PRADO, Jason; CONDINI, Paulo (org.). *A formação do leitor*: pontos de vista. Rio de Janeiro: Argus, 1999. p. 71-73.

HAYLES, Katherine. *Literatura Eletrônica*: novos horizontes para o literário. Tradução: Luciana Lhullier e Ricardo Moura Buchweitz. São Paulo: Global, 2009.

JARAMILLO HOYOS, Bernardo. Comportamento do leitor e hábitos de leitura: comparativo de resultados em alguns países da América Latina. *In*: II *Seminário Retratos da Leitura no Brasil*, 28 mar. 2012. Brasília. Disponível em: http://www.abrale.com.br/wp-content/uploads/Comportamento-do-leitor-e-h%C3%A1bitos-de-leitura-comparativo-Am%C3%A9rica-Latina.pdf. Acesso em: 26 mar. 2020.

JOUVE, Vincent. A leitura. Tradução Brigitte Hervot. São Paulo: Editora Unesp, 2002.

KLEIMAN, Ângela. *Os significados do letramento*: uma nova perspectiva sobre a prática social da escrita. Campinas: Mercado de Letras, 1995.

KOO, Lawrence Chung. *Web 3.0*: Impacto na Sociedade de Serviços, uma análise da Comunicação Contemporânea. Orientadora Lucia Santaella. 2011. 230 f. Tese (Doutorado em Comunicação e Semiótica) – Programa de Comunicação e Semiótica, Pontifícia Universidade Católica de São Paulo, São Paulo, 2011.

LIMA, Mariana Batista de; GRANDE, Paula Bacarat de. Diferentes formas de ser mulher na hipermídia. *In*: ROJO, Roxane. *Escola conectada:* os multiletramentos e as TICs. São Paulo: Parábola, 2013. p. 37-58.

LINS E SILVA, Patrícia Konder. Os Nativos digitais chegaram à escola. *Revista Pátio Educação Infantil.* Ano XII nº 38, jan./mar. 2015.

LOPES, João Teixeira. Participação sociocultural e mundos digitais: novas oportunidades, novos constrangimentos. *In*: MARTINHO, Tereza Duarte; LOPES, João Teixeira; GARCIA, José Luiz. (org.). *Cultural e digital em Portugal.* Porto: Edições Afrontamento, 2016. p. 183-192.

MANGUEL, Alberto. *Uma história da leitura.* Tradução de Pedro Maia Soares. São Paulo: Companhia das Letras, 1997.

MARCUSCHI, Luiz Antônio; XAVIER, Antônio Carlos (org.). *Hipertexto e gêneros digitais:* novas formas de construção do sentido. Rio de Janeiro: Lucerna, 2005.

McCARTHY, Muriel. Archbishop Narcissus Marsh and the Foundation of the First Public Library in Ireland. *In*: *64th IFLA General Conference*, 16-21 ago., 1998, Amsterdam. Disponível em: http://origin-archive.ifla.org/IV/ifla64/100-132e.htm. Acesso em: 23 jun. 2020.

McCRINDLE, Mark. *Meet Alpha: The Next 'Next Generation'*. Entrevista cedida a Alex Williams. *New York Times*, New York, 19 set. 2015. Disponível em: https://www.nytimes.com/2015/09/19/fashion/meet-alpha-the-next-next-generation.html Acesso em: 7 abr. 2023.

McCRINDLE, Mark. *The ABC of XYZ*: Understanding the Global Generations. McCrindle Research, 2018. Disponível em: https://www.researchgate.net/publication/328347222_The_ABC_of_XYZ_Understanding_the_Global_Generations Acesso em: 7 abr. 2023.

MELATI, Nathalia Martins. *Avaliação e retórica*: uma análise da proposta de redação do Enem. Dissertação. Orientador Luiz Antonio Ferreira. 2017. 112 f. Dissertação (Mestrado) – Programa de Estudos Pós-Graduados em Língua Portuguesa, Pontifícia Universidade Católica de São Paulo, São Paulo, 2017.

MOZER, Josiane Aparecida. *Gestão pública em livro de leitura*: Revisitando o projeto Uma leitura em cada município. Orientadora Maria Rita Loureiro Duran. 2006. 179 f. Dissertação (Mestrado em Administração Pública) – Escola de Administração de Empresas de São Paulo, Fundação Getúlio Vargas, São Paulo, 2006. Disponível em: https://bibliotecadigital.fgv.br/dspace/bitstream/handle/10438/2381/155049.pdf?sequence=2&isAllowed=y. Acesso em: 10 jul. 2020.

NASCIMENTO, Claudia Rodrigues Silva. *Escrita digital no Ensino Fundamental I*. Do livro à sequência didática. Orientador João Hilton Sayeg de Siqueira. 2016. 100 f. Dissertação (Mestrado em Língua Portuguesa) – Programa de Estudos Pós-Graduados em Língua Portuguesa, Pontifícia Universidade Católica de São Paulo, São Paulo, 2016. Disponível em: https://

tede2.pucsp.br/bitstream/handle/14347/1/Claudia%20Rodrigues%20da%20Silva%20Nascimento.pdf. Acesso em: 10 jul. 2020.

OECD. *Reading performance (PISA)*. OECD Data, 2020. Disponível em: https://data.oecd.org/pisa/reading-performance--pisa.htm#:~:text=Definition%20of-,Reading%20performance%20(PISA),mean%20score%20is%20the%20measure.. Acesso em: 5. jul. 2020.

PAIVA, Aparecida (org.) *Literatura fora da caixa*: O PNBE na escola – Distribuição, circulação e leitura. São Paulo: Editora UNESP, 2012.

PALFREY, John; GASSER, Urs. *Nascidos na era digital*: entendendo a primeira geração de nativos digitais. Porto Alegre: Artmed, 2011.

PAULILO, André Luiz. História da educação brasileira: leituras. *Rev. Bras. Educ.* Rio de Janeiro, n. 26, p. 172-174, ago. 2004. Disponível em: https://www.scielo.br/j/rbedu/a/8bp6ysKR5R5zHWsZLxnBjQq/. Acesso em: 7 abr. 2023.

PAULINO, Graça; WALTY, Ivete; FONSECA, Maria Nazareth; CURY, Maria Zilda. Tipos *de textos, modos de leitura*. Belo Horizonte: Formato, 2001.

PRENSKY, Marc. Digital natives, digital immigrants. *On the Horizon*. NCB University Press, v.9, n.5, p. 1-6, 2001. Disponível em: https://taylorprograms.com/wp-content/uploads/2018/11/Marc_Prensky_Digital_natives_1.pdf. Acesso em: 20 jul. 2020.

PRENSKY, Marc. *Aprendizagem baseada em jogos digitais*. Tradução Eric Yamagute. São Paulo: Editora Senac São Paulo, 2012.

REIS, Bia. Cultura. Livro é caro? Não há biblioteca? Por que os moradores de São Paulo não leem? São Paulo: *Estadão*. 9.abr. 2019. Disponível em: https://cultura.estadao.com.br/blogs/estante-de-letrinhas/pesquisa-leitura--rede-nossa-sp/. Acesso em: 20 jul. 2020.

ROCHA, Simone. Educação eugênica na constituição brasileira de 1934. *X ANPED Sul*. Florianópolis: UDESC, 2014. Disponível em: http://xanpedsul.faed.udesc.br/arq_pdf/1305-1.pdf. Acesso em: 5 jul. 2020.

SALDANHA, Paulo; COLETTA, Ricardo Della. Governo de RO manda recolher 'Macunaíma' e mais 42 livros e depois recua. *Folha de S. Paulo*, 6 fev. 2020. Disponível em: https://www1.folha.uol.com.br/educacao/2020/02/governo-de-ro-manda-recolher-macunaima-e-mais-42-livros-e-depois-recua.shtml. Acesso em: 10 jul. 2020.

SANTIAGO, Ilana Eleá. *A escrita dos nativos digitais*. Orientadora Rosália Maria Duarte. 2010. 126 f. Tese (Doutorado em Educação) – Programa de Pós-Graduação em Educação, Pontifícia Universidade Católica do Rio de Janeiro, Rio de Janeiro, 2010. Disponível em: https://www.maxwell.vrac.puc-rio.br/colecao.php?strSecao=resultado&nrSeq=17716@1. Acesso em: 28 jun. 2020.

SANTO ANDRÉ. *Escolas Municipais de Educação Infantil e Ensino Fundamental de Santo André*. Santo André: Prefeitura, 5 abr. 2013a. Disponível em: https://www2.santoandre.sp.gov.br/index.php/departamentos-seduc/31--secretarias/educacao/218-escolas-municipais-de-educacao-infantil-e-ensino-fundamental-de-santo-andre. Acesso em: 20 jul. 2020.

SANTO ANDRÉ. Prefeitura. Bibliotecas Municipais. Santo André, 3 abr. 2013b. Disponível em: https://www2.santoandre.sp.gov.br/index.php/acervo-de-bibliotecas: Acesso em: 5 jun. 2020.

SANTO ANDRÉ. *Biblioteca Digital de Santo André*. Santo André: Prefeitura/Secretaria de Cultura, 2020. Disponível em: http://www.santoandre.sp.gov.br/pesquisa/. Acesso em: 5 jun. 2020.

SÃO PAULO. *No Dia do Livro Infantil, conheça alguns projetos de incentivo à leitura da Educação*. Secretaria de Educação, 2 abr. 2014. Disponível em: https://www.educacao.sp.gov.br/noticias/no-dia-internacional-do-livro-infantil-conheca-alguns-projetos-de-incentivo-a-leitura/. Acesso em: 10 jul. 2020.

SÃO PAULO. *Salas de Leitura e biblioteca escolar*. Secretaria de Educação, 2017. Disponível em: https://desul1.educacao.sp.gov.br/sala-de-leitura-e-biblioteca-escolar/. Acesso em: 5 jul. 2020.

SÃO PAULO. *Currículo paulista*. São Paulo: Secretaria de Educação, 2019. http://www.escoladeformacao.sp.gov.br/portais/Portals/84/docs/pdf/curriculo_paulista_26_07_2019.pdf. Acesso em: 5 jul. 2020.

SÃO PAULO. *Sala de leitura virtual incentiva alunos de escola estadual a manterem hábito da leitura*. São Paulo: leitura Secretaria da Educação, 23 jun. 2020. Disponível: https://www.saopaulo.sp.gov.br/ultimas-noticias/sala-virtual-incentiva-o-habito-da-leitura-por-parte-de-estudantes-de-escola-estadual/ Acesso em: 7 abr. 2023.

SCLIAR-CABRAL, Leonor. Revendo a categoria "analfabeto funcional. *CrearMundos*. [*s. l.*], 2005. Ed. 3 (Especial). *2005*: "Año Internacional del libro". Disponível em: http://www.leffa.pro.br/tela4/Textos/Textos/Anais/Textos_Em_Psicolin/Artigos/Revendo%20a%20categoria%20_analfabeto%20funcional_.pdf Acesso em: 7 abr. 2023.

SILVA, Lilian. Quem são os Nativos Digitais. *Blog Educaçãoadistancia.com*. 28 jan. 2013. Disponível em: https://blog.conexia.com.br/quem-sao-os-nativos-digitais/ Acesso em: 7 abr. 2023.

SOARES, Isabel Gomes. *Políticas sociais de leitura no Brasil*: os discursos do PROLER e PRÓ-LEITURA. 2000. Dissertação (Mestrado em Educação). Universidade Estadual de Minas Gerais, Minas Gerais, 2000.

SODRÉ, Nelson Werneck. *Síntese da história da cultura brasileira*. Rio de Janeiro: Bertrand Brasil, 2003.

SOLÉ, Isabel. *Estratégias de leitura*. Tradução Cláudia Schilling – 6.ed. Porto Alegre: Artmed,1998.

SPERB, Paula; ARENDT, João Claudio. A destruição dos livros, o fim da escrita e a sociedade hiperespetacular: o futuro da obra de Jorge Amado. *Revista Sociopoética. Paraíba: EDUEPB, v. 1, n. 12. jan./jun. 2014*. Disponível em: http://revista.uepb.edu.br/index.php/REVISOCIOPOETICA/article/view/2723/1474. Acesso em: 9. jul. 2020.

VERSIANI, Daniela Beccaccia; YUNES, Eliana; CARVALHO, Gilda. *Manual de reflexões sobre boas práticas de leitura*. São Paulo: Editora UNESP; Rio de Janeiro: Cátedra Unesco de Leitura PUC-RIO, 2012.

WOLF, Maryanne. *O cérebro no mundo digital:* os desafios da leitura na nossa era. Tradução Rodolfo Ilari e Mayumi Ilari. São Paulo: Contexto, 2019.

XAVIER, Libânia Nacif. *Para além do campo educacional*: um estudo sobre o Manifesto dos Pioneiros da Educação Nova (1932). Bragança Paulista: EDUSF, 2002.

ZILBERMAN, Regina. A leitura na escola. *In*: ZILBERMAN, Regina (org.). *A leitura em crise na escola:* as alternativas do professor. Porto Alegre: Mercado Aberto, 1985.

Apêndice A – Continente Africano

África Meridional	
País	**Total**
África do Sul	87,0%
Angola	71,1%
Botswana	88,5%
Comores	-
Madagáscar	74,8%
Malawi	62,1%
Maurícia	-
Moçambique	60,7%
Namíbia	91,5%
Eswatini	88,4%
Zâmbia	86,7%
Zimbabwe	86,5%

África Central	
País	**Total**
República Centro-Africana	37,4%
República Democrática do Congo	77,0%
Chade	22,3%
Congo	-

África Ocidental	
País	**Total**
Benin	42,4%
Burkina Faso	41,2%
Cabo Verde	86,8%
Camarões	77,1%
Costa do Marfim	-
Gabão	84,7%
Gâmbia	50,8%
Gana	76,6%
Guiné	30,4%

África Setentrional	
País	**Total**
Argélia	81,4%
Egito	71,2%
Líbia	91,0%
Marrocos	73,8%
Saara Ocidental	-
Sudão	34,5%
Tunísia	81,8%

GuinéBissau	59,9%
Guiné Equatorial	95,3%
Libéria	48,3%
Mali	35,5%
Mauritânia	53,5%
Níger	19,1%
Nigéria	62,0%
Senegal	51,9%
Serra Leoa	43,2%
São Tomé e Príncipe	92,8%
Togo	63,7%

África Oriental	
País	**Total**
Burundi	68,4%
Eritreia	76,6%
Etiópia	51,8%
Ruanda	73,2%
Seychelles	95,9%
Tanzânia	77,9%

Fonte: A autora, com base em (OECD, 2020).

Países cujos índices não foram encontrados entre os dados da OECD:

Saara Ocidental	NA	https://www.indexmundi.com/pt/sara_ocidental/taxa_de_alfabetizacao.html
Djobouti	70%	https://brasilescola.uol.com.br/geografia/djibuti.htm
Somália	37,8%	https://www.indexmundi.com/pt/somalia/taxa_de_alfabetizacao.html

Apêndice B – Continente Europeu

País	Total
Malta	94,5%
Portugal	96,1%
Grécia	97,7%
Norte Macedônia	97,8%
Albânia	98,1%
Sérvia	98,3%
Espanha	98,4%
Bósnia e Herzegovina	98,5%
Montenegro	98,8%
Romênia	98,8%
Czechia	99,0%
Chipre	99,1%
Hungria	99,1%
Itália	99,2%
Croácia	99,3%
Georgia	99,4%
Moldova	99,4%
Eslovênia	99,7%
Belarus	99,8%
Estônia	99,8%
Lituânia	99,8%
Polônia	99,8%
Ucrânia	99,8%
Letônia	99,9%

San Marino	99,9%
Andorra	100,0%

Fonte: A autora, com base em (OECD, 2020).

Países cujos índices não foram encontrados entre os dados da OECD:

Alemanha	99%	https://www.indexmundi.com/pt/alemanha/taxa_de_alfabetizacao.html
Áustria	98%	https://www.indexmundi.com/pt/austria/taxa_de_alfabetizacao.html
Bélgica	99%	https://www.indexmundi.com/pt/belgica/taxa_de_alfabetizacao.html
Dinamarca	99%	https://www.indexmundi.com/pt/dinamarca/taxa_de_alfabetizacao.html
Noruega	100%	https://www.indexmundi.com/pt/noruega/taxa_de_alfabetizacao.html
Irlanda	99%	https://www.indexmundi.com/pt/irlanda/taxa_de_alfabetizacao.html
Islândia	99%	https://www.indexmundi.com/pt/islandia/taxa_de_alfabetizacao.html
Eslováquia	99,7%	https://www.indexmundi.com/g/r.aspx?v=39&l=pt
Finlândia	100%	https://finland.fi/pt/?fact=100-taxa-de-alfabetizacao-na-finlandia
França	99%	https://www.indexmundi.com/g/g.aspx?c=fr&v=39&l=pt

Apêndice C – Continente Asiático

Ásia Central	
País	Total
Afeganistão	43,0%
Cazaquistão	99,8%
Quirquistão	99,6%
Tadjiquistão	99,8%
Turcomenistão	99,7%
Uzbequistão	100,0%

Norte da Ásia	
País	Total
Mongólia	98,4%
Rússia	99,7%

Oriente Médio	
País	Total
Arábia Saudita	95,3%
Bahrain	97,5%
Emirados Árabes Unidos	93,8%
Iêmen	70,1%
Irã	-
Iraque	50,1%
Israel	97,8%
Jordânia	-

Extremo oriente	
País	Total
China	96,8%
Coreia do Norte	100,0%
Coreia do Sul	-
Japão	-

Sudeste Asiático	
País	Total
Brunei	97,2%
Camboja	80,5%
Cingapura	97,3%
Filipinas	98,2%
Indonésia	95,7%
Laos	84,7%
Malásia	93,7%
Burma - Mianma	75,6%
Tailândia	92,9%
Vietnã	95,0%

Sul da Ásia	
País	Total
Bangladesh	73,9%

Jordânia	-
Kuwait	-
Líbano	95,1%
Omã	95,7%
Qatar	93,5%
Síria	-
Turquia	-

Bangladesh	73,9%
Butão	66,6%
Índia	74,4%
Maldivas	97,7%
Nepal	67,9%
Paquistão	59,1%
Sri Lanka	91,9%

Fonte: A autora, com base em (OECD, 2020).

Países cujos índices não foram encontrados entre os dados da OECD:

Coréia do Sul	98,1%	https://www.indexmundi.com/g/g.aspx?c=ks&v=39&l=pt
Japão	99%	https://www.indexmundi.com/pt/japao/taxa_de_alfabetizacao.html

Apêndice D – Continente Americano

América do Norte	
País	Total
México	95,4%
Ilhas Cayman	98,9%
Groenlândia	100,0%

América Central	
País	Total
Haiti	61,7%
Guatemala	81,5%
Nicarágua	82,6%
Honduras	87,2%
El Salvador	88,5%
Jamaica	88,7%
Porto Rico	92,4%
República Dominicana	93,8%
Panamá	95,4%
Aruba	97,8%
Costa Rica	97,9%
Grenada	98,6%
Antígua e Barbuda	99,0%
Barbados	99,6%
Cuba	99,8%

América do Sul	
País	Total
Guiana	88,5%
Bolívia	92,5%
Equador	92,8%
Brasil	93,2%
Paraguai	94,0%
Peru	94,4%
Suriname	94,4%
Colômbia	95,1%
Chile	96,4%
Venezuela	97,1%
Uruguai	98,7%
Argentina	99,0%

Fonte: A autora, com base em (OECD, 2020).

Países cujos índices não foram encontrados entre os dados da OECD:

Bahamas	58%	https://educacao.uol.com.br/ultnot/2007/09/28/ult105u5900.jhtm
Belize	76,9%	https://www.indexmundi.com/pt/belize/taxa_de_alfabetizacao.html
Dominica	93,8%	https://www.indexmundi.com/g/g.aspx?c=dr&v=39&l=pt
Santa Lúcia	90,1%	https://www.indexmundi.com/pt/santa_lucia/taxa_de_alfabetizacao.html
Canadá	99%	https://www.indexmundi.com/pt/canada/taxa_de_alfabetizacao.html
Estados Unidos	99%	https://www.portalbrasil.net/americas_estadosunidos.htm

Apêndice E – Oceania

País	Total
Papua Nova Guiné	64,2%
Vanuatu	87,5%
Palau	96,6%
Nova Caledônia	96,9%
Ilhas Marshall	98,3%
Fiji	99,1%
Samoa	99,1%
Tonga	99,4%

Fonte: A autora, com base em (OECD, 2020).

Países cujos índices não foram encontrados entre os dados da OECD:

Ilhas Salomão	76,60%	https://pt.countryeconomy.com/demografia/taxa--alfabetizacao/ilhas-salomao
Kiribati	84,08%	http://www.deepask.com/goes?page=kiribati-Confira--a-taxa-de-alfabetizacao-por-pais-e-sua-posicao-no--ranking-mundial
Micronésia	89,00%	https://www.indexmundi.com/pt/micronesia/taxa_de_alfabetizacao.html
Nauru	NA	https://www.indexmundi.com/pt/nauru/taxa_de_alfabetizacao.html
Tuvalu	NA	https://www.indexmundi.com/pt/tuvalu/taxa_de_alfabetizacao.html

Apêndice F – Fotos de Atividades de Leitura na Escola Emeief Professora Yvonne Zahir

Momento de história

Fonte: Arquivo da escola

Visita à biblioteca

Fonte: Arquivo da escola

Aluno do 4º ano lendo para alunos menores

Fonte: Arquivo da escola

Maiores lendo para os menores

Fonte: Arquivo da escola

Apêndice G – Termo de Consentimento

Pesquisa "A relação dos nativos digitais e os livros impressos nas séries iniciais: desafios e conquistas"

Termo de consentimento livre e esclarecido do participante

Eu,____, portador (a) do RG_____________________________________, residente na rua ____ __ nº ____, telefone ( ) ____________ , e-mail _____________________ _________, abaixo assinado, aceito participar como voluntário da pesquisa supracitada, sob a responsabilidade da pesquisadora Claudia Rodrigues da Silva Nascimento.

Assinando este Termo de Consentimento, estou ciente de que:

1. Tal pesquisa objetivará evidenciar quais são as estratégias utilizadas pelos professores de Santo André para motivar os alunos quanto à leitura.
2. Evidenciará também como são definidas as linhas literárias a serem utilizadas tendo em vista as atuais demandas proporcionadas pelos novos meios digitais.
3. A realização desta pesquisa é fundamental para mapear como está a leitura na Cidade de Santo André.

4. Durante a pesquisa, responderei a perguntas de ordem geral, sobre minhas leituras e gêneros favoritos.
5. Assim que for terminada a pesquisa, terei acesso aos resultados.
6. Estou livre para interromper, a qualquer momento, minha participação nesta pesquisa.
7. A participação nesta pesquisa é voluntária e sem remuneração.
8. Meus dados pessoais serão mantidos em sigilo e os resultados obtidos com a pesquisa (fotos, vídeos, áudios, desenhos entre outros) serão utilizados apenas para alcançar os objetivos do trabalho, incluindo a publicação na literatura científica especializada.
9. Poderei entrar em contato com a pesquisadora sempre que julgar necessário: Claudia Rodrigues da Silva Nascimento (joecla87@yahoo.com.br), pelo telefone/celular (11) 9 9214-4028.
10. A Pesquisa será realizada e as informações utilizadas unicamente pela pesquisadora da PUC/SP (Programa de Estudos Pós-Graduados em Língua Portuguesa).
11. Este Termo de Consentimento é feito em duas vias, de maneira que uma permanecerá em meu poder e a outra com a pesquisadora responsável.

Santo André, _____ de setembro de 2019

__________________________ __________________________

Assinatura da/do participante

Claudia R.S. Nascimento
(pesquisadora)

Apêndice H – O Trabalho dos Professores Durante a Pandemia

Registros dos professores da EMEIEF Professora Yvonne Zahir sobre seu trabalho durante a pandemia da Covid-19, em que as aulas eram ministradas remotamente (maio/jun. 2020)

Professora E: A minha maior dificuldade frente ao ensino remoto, a princípio foi lidar com a ansiedade, com a reponsabilidade do novo, isto é, acostumada a ter tudo planejado, alinhado e sob controle, foi preciso do dia para a noite, sair da zona de conforto e ter que se reinventar no meio dessa confusão. Além de se reorganizar, foi necessário inserir outras funções dentro do mesmo horário, como por exemplo, lidar com as demandas da escola (meu trabalho) e dar conta, que tenho dois filhos pequenos, bem como auxiliá-los em sua rotina escolar. Tive que aprender a me aprimorar tecnologicamente em uma fração de segundos, fazer dela uma aliada, sem qualquer preparação. O aspecto positivo em tudo isso, foi a oportunidade de aprender novas práticas, enxergar fora da caixinha, se aprimorar, sair da mesmice, ver novas possibilidades, principalmente nas questões tecnológicas. Por meio dela, pude perceber que essa ferramenta tecnológica pode possibilitar o acesso à aprendizagem e ser um complemento ao encontro presencial que está tão sem significado para a juventude. Passei a valorizar e ver a tecnologia como uma ferramenta poderosa no processo de ensino e aprendizagem desta nova geração. Falar a mesma linguagem dos alunos. Embora eu ainda não tenha a resposta onde tudo isso vai dar, estou otimista por acreditar que essa nova era, deixará um legado do ensino tradicional desgastado pré-pandemia, para fazer um pedagógico com um olhar mais humano pós-pandemia. A priori, vejo como um momento de aprendermos juntos a cuidar do outro, penso, em uma pedagogia com um toque de afetividade.

Professora J: Foram muitas (as dificuldades), como por exemplo, aprender a mexer nos aplicativos, como Zoom, Classroom, Teams, Meet e também a vencer a vergonha de fazer vídeos para postar para as crianças. Agora estou craque, mas ainda recorro ao seus para auxiliar.

Professora A: A maior dificuldade foi adaptar o modo de trabalho para uma perspectiva não interativa, enviando atividade, orientações, mas não ver como esse aluno está reagindo, não conseguir fazer uma intermediação direta, não conseguir ajudar, não saber como estão trabalhando aquela dificuldade. Diferente do trabalho em sala de aula, em que a interação é presente, com olho no olho, nos comentários, é possível identificar. O lado positivo tem a ver com a dificuldade, quando os alunos provam que conseguem realizar as atividades com autonomia, sem a presença do professor. É difícil para alguns e impossível para outros, desmistificando a lenda que alunos de escolas públicas não conseguem ter o hábito de estudo, sem a ajuda o professor. Ser estudante, integralmente, saber estudar. Pontuando que a relação com a tecnologia trouxe desafios, a intermediação com a tecnologia ainda é dificuldade, mas é um lado positivo, pois estamos nos superando.

Professora L: As dificuldades estão associadas à falta de investimentos dos gestores públicos em plataformas eficientes para o trabalho remoto, levando professores e alunos a trabalhar no improviso com recursos próprios, meios particulares e redes sociais que não foram criadas com finalidade educacional, baseado no argumento de se "reinventar" e dando mais uma vez "jeitinhos" na falta de recursos e investimento em educação. O aspecto positivo foi a oportunidade de participar de diversas formações.

Professora Ke: A princípio foi a dificuldade para utilizar as ferramentas tecnológicas, conhecer plataformas, saber postar, transformar arquivos em PDF, tudo que se refere a alfabetizado digital, destacando que sempre tive resistência, uma barreira para usar no dia a dia. O ponto positivo foi a parceria das professoras no planejamento das propostas para as aulas remotas, no engajamento de trabalho em equipe, nas descobertas, experiências e criações, na expectativa de alcançar as famílias no maior número possível. A aproximação dos alunos e famílias nas conversas a distância, no acreditar que tudo ficaria bem. O diálogo e a cooperação fazem parte das aulas nesse momento, todos com espírito exercendo a empatia. Preocupando-se em como manter uma rotina de estudo sem sufocar as famílias, com uma proposta em que as crianças consigam vivenciar, experimentar, ousar no reinventar com os poucos recursos que cada um tem. Na devolutiva das famílias, descobri que alguns não estão participando por falta de habilidade com as novas tecnologias, ou por não compreenderem as comandas.

Professor R: A maior dificuldade foi trabalhar com as novas tecnologias de vídeo, por exemplo, pela timidez, outra questão é a organização do tempo. O aspecto positivo foi o tempo para pesquisar e trocar conhecimento com outros grupos e outros profissionais.

Professora K: A maior dificuldade foi não ter precedentes da situação de ensino remoto. A insegurança de não conseguir alcançar todos os alunos e o medo da exposição no nosso trabalho pelos meios digitais. O aspeto positivo foi descobrir a capacidade de resiliência que eu não sabia que possuía. Nos moldar e adaptar a cada nova circunstância que o ensino remoto nos exige. Sem falar no acervo, material digital e tecnológico que teremos acumulado, no qual poderemos usufruir futuramente na modalidade presencial.

Professor Z: O que não faltou nesta quarentena foram os desafios. Num primeiro momento o isolamento social e as incertezas do que estava por vir, e o tempo que tudo isto duraria. No início parecia que seria algo rápido, que em 15 dias acabaria e não foi o que ocorreu. Aí surgiu o ensino remoto, e com ele mais incertezas tais como, tipos de atividades a serem desenvolvidas, formas de envio deste material para os alunos, uma grande demanda de trabalhos que antes não tínhamos, dificuldades tecnológicas tais como equipamentos, provedor de internet, novas ferramentas, rotina caseira incluindo estudo remoto das filhas e principalmente organizar o tempo para realizar tudo isto dentro dos prazos necessários, dois compromissos importantes no mesmo dia e horário. E para ajudar na reforma em casa. De imediato, na primeira semana me inscrevi num curso *online*, para entender um pouco sobre todas estas novidades que estavam por vir. A partir daí investi na minha saúde mental, sem me desesperar por algo novo, incerto, o qual não tinha o controle. Adquiri um pacote melhor de internet, e mais um notebook para casa. Preparei um ambiente para cada membro da família desenvolver o seu trabalho remoto. Organizei uma agenda para todos os compromissos tanto de trabalho quanto de casa, fui me apropriar das novas ferramentas de reuniões. Agora o principal de tudo, na minha opinião, foi fortalecer o trabalho em equipe tanto em casa com esposa e filhas, na escola com a equipe gestora, com as colegas professoras e com a equipe de Educação Física da escola e Coordenação. Com o apoio de todos e com uma divisão de trabalho, em conjunto com uma organização de tempo, além de minimizar todas as provações deste período, tenho aproveitado para ampliar o meu conhecimento dentro da área educacional através de cursos *online*, assim como participar mais ativamente da vida escolar da minha filha. Como a minha rotina diária é muita puxada, ela se inicia às 7h, e vai até umas 22h, de segunda a sexta, na sexta-feira reduzo a agenda pela metade, e no final de semana quase nada de trabalho para descansar a mente.

Professor C: Quanto aos desafios relacionados ao ensino remoto considero que, como tudo ocorreu de forma muito acelerada, devido à chegada da pandemia em nosso estado de maneira inesperada, não houve tempo hábil para planejamento das ações, da readequação do currículo. Assim, o maior desafio foi entender com qual modalidade de ensino iria trabalhar durante o distanciamento social. Esse trabalho remoto exige participação dos pais, porém alguns alegam não ter tempo, porque estão trabalhando normalmente, outros afirmam que não têm competência e conhecimento, o pior é os que alegam não ter paciência. Outros desafios encontrados são tanto da parte dos alunos, quanto da coordenação e dos docentes, entre eles os mais comuns estão relacionados à questão da quantidade de equipamentos tecnológicos para atender a toda a família que está trabalhando ou estudando em casa. Além disso, a qualidade desses, que tenham capacidade para gravar as videoaulas, armazenar imagens das atividades dos alunos e, no caso dos alunos, precisam de um equipamento que possibilite que assistam as videoaulas, os vídeos complementares que são indicados, os áudios dos professores e também ter memória para armazenar todo o material que julguem importante ou que os professores orientam que precisam ser arquivados. Outro desafio perceptível dessa aula remota é a questão espaço físico. Em muitos casos professores e alunos não têm um espaço exclusivo em silêncio, boa acústica, longe de atrativos visuais ou sonoros, para que possam se concentrar para esse momento de estudo. Existe também, a preocupação quanto as questões emocionais que estão interferindo nesse ensino remoto. Os professores estão mostrando que estão se reinventando e descobrindo possibilidades para o ensino remoto, abriram mão de seu celular ou computador pessoal para terem acesso as famílias: baixaram aplicativos para conversar e interagir com alunos e famílias, formaram grupos, aprenderam a planejar e montar videoaulas, postam aulas no *YouTube*, realizam vídeos-chamadas individuais e coletivas. Readequaram o planejamento para que todas as áreas do conhecimento sejam trabalhadas, para isso planejaram projetos ou sequências didáticas multidisciplinares. Estão garantindo que os alunos tenham acesso a leituras, encaminhando livros em PDF, para que todos tenham acesso. Além disso, na medida do possível estão dando apoio as famílias, ouvindo-as e compartilhando conhecimento de maneira humanizada.

Professor MH: Estamos na era da informação e esta condição é inegável. Estamos na sociedade digital caracterizada pela expansão das informações e dos conhecimentos em uma grande rede formada pela circulação, em tempo real, de ideias, saberes, tecnologias, avanços científicos e expressões culturais, em destaque, para a rede global de computadores, a Internet, a qual propicia vantagens da conexão, mas, ao mesmo tempo, assusta os imigrantes digitais que precisam se adaptar rapidamente quase instantaneamente, aos novos modos de interação. A Internet é o novo espaço de vida em que é possível trabalhar, estudar, comprar, vender e ter relacionamentos sociais, mesmo que virtuais, rompendo fronteiras geográficas, tornando possível viajar pelo mundo sem sair do conforto do nosso lar. Para nós, geração da interação presencial, é assustador e fascinante ao mesmo tempo. Não há espaço para ver e sentir a linguagem corporal não verbal, portanto, involuntária do outro. Para nossa geração, esse tipo de linguagem é tão importante quanto o abraço para fortalecimento do ego, pois os humanos, desde a pré-história, descobriram que estar com os outros gera confiança, conforto e estabilidade emocional porque as fraquezas são humanas e podem ser compartilhadas numa conversa em que olhar nos olhos é se descobrir no outro. Porém, na era digital, se descobre que, ao mesmo tempo em que existe uma rede de pessoas, estamos sozinhos e isolados, fechados numa redoma. Isso pode gerar angústias para aqueles que não foram preparados para vivenciar as novas exigências ditadas pela era digital. Não sabemos ouvir e nem conversar com os outros usando a nossa fala, nosso riso, nossa satisfação em estar com os outros, quebrando o paradigma da convivência habitual. Em tempos de pandemia, com o isolamento social, isso ficou bem claro, pois os lugares e as temporalidades se modificaram em função da reestruturação do tempo e do espaço em que não há separação entre o local de trabalho (no caso, a escola) e o local de lazer, nem tampouco, tempo para trabalhar e tempo livre, o tempo é imediato, instantâneo e efêmero, em crescente relação de virtualidade com o universo físico, o que altera o comportamento humano mediado por equipamentos eletrônicos, o que quebra a privacidade necessária e saudável para o ser humano que precisa dela para pensar, para refletir, para modificar os rumos quando necessário. O tempo virtual é capaz de nos tirar esse momento só nosso, pois as informações são tantas e ao mesmo tempo, que acabam nos confundindo e, na minha geração, confusões, não são permitidas, porque são causas de erros que podem levar a dados inimagináveis, por mais que planejemos tudo. Essa confusão me fez reportar à letra da música "Rolling Heart": coração rolando, do compositor Rafael Lopes Moreira – o Rafolino. Leia uma parte dela e compreenderá meus sentimentos ao novo tempo sem tempo para adaptações paliativas. "Eu sonhei toda a minha vida, em ter um amor doce, emoções nunca me deram, uma boa resposta, sonhei em viver meus sentimentos, onde isto está agora? Isso nunca aconteceu... E nessa linha de reflexão a letra da música segue. Então, nesse tempo de pandemia, de isolamento social e de uso das tecnologias virtuais, a lucidez e a confusão se tornam paradoxos. Mas, como sou imigrante digital assumida, faço uso da mensagem que a letra da música de Almir Sater e Renato Teixeira, "Tocando em Frente".

Anexo A - Parecer Circunstanciado do Código de Ética

PONTIFÍCIA UNIVERSIDADE CATÓLICA DE SÃO PAULO - PUC/SP

PUC-SP

Plataforma Brasil

PARECER CONSUBSTANCIADO DO CEP

DADOS DO PROJETO DE PESQUISA

Título da Pesquisa: A RELAÇÃO DOS NATIVOS DIGITAIS E OS LIVROS IMPRESSOS NAS SÉRIES INICIAIS:
desafios e conquistas.

Pesquisador: CLAUDIA RODRIGUES DA SILVA NASCIMENTO

Área Temática:

Versão: 1

CAAE: 25094919.8.0000.5482

Instituição Proponente: pontifícia universidade católica

Patrocinador Principal: Financiamento Próprio

DADOS DO PARECER

Número do Parecer: 3.792.653

Apresentação do Projeto:

Conforme o resumo apresentado: " Inúmeras campanhas dedicadas ao incentivo à leitura têm surgido a décadas, apostando em uma educação em que prática à leitura volte a ser algo do cotidiano, prazeroso e significativo. Contudo, alcançar o objetivo de formar um país de leitores requererá extremo esforço e um trabalho muito bem planejado. A prática da leitura atualmente encontra-se em um patamar diferente, sem que se tenha a certeza de que este seja adequado ou não. Percebe-se que a maioria das pessoas vivem, de alguma forma, conectadas em redes sociais como facebook, Instagram, aplicativos como WhatsApp, em seus dispositivos móveis por e-mails, e, em cada um desses para interagir será necessário ler e escrever. A prática da leitura na escola é essencial para o desenvolvimento do ser humano, em especial nas séries iniciais, pois além de estimular a imaginação, a autonomia, contribui para melhor rendimento em todas as disciplinas. O aluno que lê apresenta características que o diferencia dos outros, o torna mais crítico, mais decidido com uma visão ampliada sobre uma gama de assuntos diferentes. Ações diárias nesse sentido poderão mudar a postura das pessoas em relação à leitura. Embora primariamente essa obrigação seja da instituição escolar, todos poderão se envolver na missão de formar um país de leitores apaixonados pela cultura escrita. Um país onde a leitura se torne momento de prazer, de aprender, de descobrir, de viajar sem sair do lugar. Para isso será necessário mais que boa vontade e planejamento, há que se tenha um olhar dos nossos governantes, que se tenha políticas

PUC-SP

PONTIFÍCIA UNIVERSIDADE CATÓLICA DE SÃO PAULO - PUC/SP

Plataforma Brasil

Continuação do Parecer: 3.792.653

públicas que discutam e encontrem formas para tornar essa prática possível a cada um dos alunos em nosso país."

Objetivo da Pesquisa:

O objetivo da pesquisa, investigar a relação dos nativos digitais com livros nos anos iniciais do ensino fundamental, a fim de detectar os desafios existentes diante das questões apresentadas.

O objetivos específicos são:

1. Relatar brevemente a história da leitura como estratégia para entender sua valorização e sua preocupação para formar leitores.
2. Conceituar e compreender quem são os nativos digitais.
3. Diferenciar nativo digital de imigrante digital.
4. Pesquisar como cada envolvido (equipe gestora, professores, famílias e alunos) na formação de leitores entendem a leitura em seus diferentes suportes.
5. Refletir sobre o papel da escola ante o desafio de incentivar a leitura e de formar leitores competentes na era digital.
6. Apresentar um plano de ação que contemple a necessidade de desenvolver um trabalho educacional para formar leitores competentes dentro e fora do ambiente digital.

Avaliação dos Riscos e Benefícios:

Os riscos apresentados são mínimos

Comentários e Considerações sobre a Pesquisa:

A pesquisa será realizada via online com professores que trabalham na cidade de Santo André, em escolas municipais, estaduais e particulares. A fim de que, possamos conhecer como eles incentivam a leitura no cotidiano escolar, tanto em livros impressos como nos diversos suportes tecnológicos. E como as novas tecnologias influenciarão o ensino e o gosto pela leitura.

Considerações sobre os Termos de apresentação obrigatória:

Há TCLE e atende aos aspectos éticos exigidos.

Recomendações:

Não há recomendações

Endereço: Rua Ministro Godói, 969 - sala 63 C
Bairro: Perdizes **CEP:** 05.015-001
UF: SP **Município:** SAO PAULO
Telefone: (11)3670-8466 **Fax:** (11)3670-8466 **E-mail:** cometica@pucsp.br

PUC-SP

PONTIFÍCIA UNIVERSIDADE CATÓLICA DE SÃO PAULO - PUC/SP

Plataforma Brasil

Continuação do Parecer: 3.792.653

Conclusões ou Pendências e Lista de Inadequações:

Recomenda-se a aprovação da pesquisa

Considerações Finais a critério do CEP:

Este parecer foi elaborado baseado nos documentos abaixo relacionados:

Tipo Documento	Arquivo	Postagem	Autor	Situação
Informações Básicas do Projeto	PB_INFORMAÇÕES_BÁSICAS_DO_PROJETO_1408291.pdf	23/10/2019 13:47:30		Aceito
Projeto Detalhado / Brochura Investigador	Projeto_Claudia.doc	23/10/2019 13:45:56	CLAUDIA RODRIGUES DA SILVA	Aceito
Outros	Autorizacao_Claudia.pdf	23/10/2019 13:43:58	CLAUDIA RODRIGUES DA SILVA	Aceito
Outros	Parecer_de_Merito_Claudia.pdf	23/10/2019 13:42:52	CLAUDIA RODRIGUES DA SILVA	Aceito
TCLE / Termos de Assentimento / Justificativa de Ausência	TCLE.pdf	12/08/2019 20:14:52	CLAUDIA RODRIGUES DA SILVA NASCIMENTO	Aceito
Declaração de Instituição e Infraestrutura	oficioapresentacao.pdf	12/08/2019 20:06:24	CLAUDIA RODRIGUES DA SILVA	Aceito
Folha de Rosto	Capaderosto.pdf	12/08/2019 20:04:07	CLAUDIA RODRIGUES DA SILVA	Aceito

Situação do Parecer:

Aprovado

Necessita Apreciação da CONEP:

Não

SAO PAULO, 31 de Dezembro de 2019

Assinado por:
Antonio José Romera Valverde
(Coordenador(a))

Endereço: Rua Ministro Godói, 969 - sala 63 C
Bairro: Perdizes **CEP:** 05.015-001
UF: SP **Município:** SAO PAULO
Telefone: (11)3670-8466 **Fax:** (11)3670-8466 **E-mail:** cometica@pucsp.br

Impressão e acabamento
Gráfica da Editora Ciência Moderna Ltda.
Tel: (21) 2201-6662